わたしの
山登りアイデア帳

Hiking Style Book

山下舞弓 著

山と溪谷社

私が山に登り始めたのは20代最後の年。
そのころは、仕事をがんばりつつも、
結婚や将来のことを考えたり、
周りと比べて思うようにいかないことに悩んでいたり、
悶々としながら日々もがいていた時期でもありました。
何か夢中になるものを見つけたくて、
フルマラソンを始めたり、海外を旅したり……
登山を始めたのも同じ時期。
いろいろ経験をしてきたなかで、
登山がいちばん気負わず
自分らしくいられるなと気づきました。

始めたころはわからないことだらけで、
山雑誌を読みあさったり、
詳しい人に聞いたりと
たくさん情報収集をしてきました。
そのなかで「私もやりたい！」と
感じるものに出会いながら
試行錯誤して今のスタイルになりました。

私は、もやもやすることがあったとき、
山に登ることが多いんです。
無心になって登っていると頭の中が整理されてきて、
自然の雄大さや山の寛容さに
その悩みが急にちっぽけに思えてくるんです。
「なんでこんなことで悩んでいたんだろう」と、
すっと心が軽くなって前向きな気持ちになります。
だから、何かつまずいたときやうまくいかないと
感じたときはすごく山に行きたくなります。
いつしか自分の機嫌は山に登ることで
よくなるようになりました。

この本は、読むだけで山登りが
できるようになる本ではありません。
山の楽しみ方は人それぞれ。
本書では私が今まで山に登ってきたなかで、
気づいたり教えていただいた「山を楽しむアイデア」を、
5つの章に分けて詰め込みました。
すでに山に親しんでいる方は
「次の山登りにちょっとプラスしてみようかな」と、
登山を始めたばかりの方には
「こんな楽しみ方があるんだ」と思ってもらえるような、
より自分らしく山を歩くためのきっかけになることができれば、
とてもとても嬉しいです。

目次

Chapter

5 コースガイド

ゲスト対談

Chapter

1

山の服

自分らしく快適に！
山の服を選ぶためのアイデア

「山でも街でも着られる服」が私のこだわり

私は下山したあと、麓の地域を散策するのが好きで、そのまま自然と溶け込むことができる服を選ぶようにしています。山で着る服は機能性が優れていて心地よく着られるものも多いので、登山のときだけだともったいないですよね。新しいウェアを購入する際は「これ普段でも使えるかな？」を基準に選ぶことが多いです。

着心地よく、スタイルもよく

着心地とスタイルの良さを両立させることは難しそうに見えて意外と工夫次第でできるものです。私はお尻にコンプレックスがあるので、お尻が隠れる大きめのシャツを着て、パンツのラインは細身のものでバランスを調整しています。ただお腹まわりはゆったりして窮屈すぎないことも大事。あとはパンツと靴の色味を合わせて足長効果を狙ったり……と少しでもスタイルがよく見えるように工夫しています。

季節・山に合わせて組み合わせは並べて考える!

コーディネートを考えるとき、天候やその山の特徴を考えて組み合わせます。気温は? 風はどれぐらい? 晴れか雨かによっても変わるので、いつも前日に天気予報を調べながら服装を決めます。まずは合いそうな服を引っ張り出して、床に並べて全体のバランスを見て、足したり引いたり……服がキマれば山での足取りも軽くなります。

色は入れすぎず、ポイントで

コーディネートを考えるときは、なるべく3色以内でまとまるように組み合わせています。たとえばブルー系という軸をひとつ作って、そこに合う色を足していく感じ。小物は同じトーンでまとめたり、色が足りなかったらスカーフに色モノを持ってきてアクセントにしたりと、3色コーデを意識するとまとまりのあるスタイルが完成します。

完成!

Outfit
-1-

春の低山ハイク

明るめの服を着て
山に出かけたくなる
季節到来！

春になり、木々が芽吹き始めると一気に山モードに。アルプスはまだ雪があるので、この時期は低山を登ることが多いのですが、朝は肌寒く行動中は暑くなるため、長袖のトップスに、調整しやすいシャツを羽織るスタイルが定番。ショートパンツとタイツの組み合わせもこの時期によくするスタイル。明るめの色をセレクトしたら気分も上がります。

Point

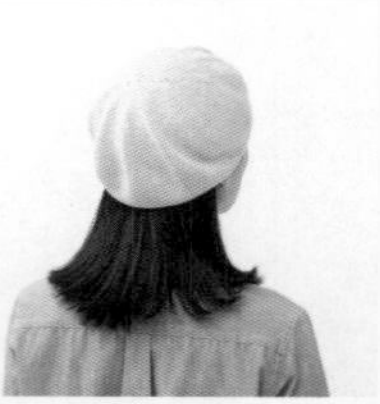

顔まわりが明るくなるベレー帽は、この時期の定番アイテム。ただ、ツバがないので、日焼け止めはこまめに塗り直します！

ブルー系をベースに
小物はベージュで統一感を

- シャツ…アンドワンダー
- トップス…モンベル
- パンツ…ザ・ノース・フェイス
- タイツ…モンベル
- 靴…サロモン
- ベレー帽…ザ・ノース・フェイス
- サコッシュ…オカラアイニッタ／トムテ
- バックパック…オカラアイニッタ／リーテッ

Point

風が吹いたときなどにサッと羽織れる軽いシェル。レインウェアとウインドブレーカーの二役をこなす優れもの。

春夏用シャツ

**行動中、
脱ぎ着しやすいシャツが
使いやすい**

サラッと羽織れて調整しやすく、日常使いもしやすいシャツスタイルが好きで、気がついたらシャツばかり集めていました。襟があるシャツは紫外線から首を守ってくれるし、暑いときは袖をまくったり脱いで腰に巻いたり、自由自在。トップスを変えることでいろいろ着まわせるので、使い勝手がいいのも好きなところ。

アンドワンダーのシャツは
高性能でデザインが
いいのでお気に入り

ショートパンツ

**丈の長さがポイント！
長すぎず短かすぎない
脚のラインがキレイに見えるものを**

比較的コースタイムが短く標高差があまりない低山ハイクでは、ショートパンツとタイツの組み合わせが多くなります。冬の間に鈍ったカラダも足さばきのいいショートパンツで軽やかに。タイツは気温に合わせてウールか速乾性のあるものにすることで快適さがアップ！

（左）ウエストゴムがうれしい、
ザ・ノース・フェイス
（中）ボーイッシュなスタイルにしたいときには
アンドワンダー
（右）ポケットが使いやすい、山と道

汗冷え知らずで
快適に登りたい！
肌に触れるウェアだからこそ
素材選びは慎重に

インナー

メリノウールトップス

春や秋、行動中は暑いけど、朝晩の冷え込みにはメリノウールトップス１枚で。小屋泊やテント泊のリラックス着としても重宝します。

サトルボイス／
ウールティーは
触り心地が抜群！

インナーとして着るなら、
アイスブレーカー／
オアシス
ロングスリーブクルー

ベースレイヤー

晩秋から春先にかけてかなり出番の多いメリノウール。ほどよい厚みで保温性もあって、着心地がいいのも好きなところ。スリムタイプなのもうれしい。

タイツ

防寒や日焼け対策に役立つタイツ。特に冬はロングパンツの下にはくことで足からの冷えを防げます。サポートタイツよりもおなかまわりの快適さを重視。

モンベルのメリノウールか
ジオラインを厚さ違いで
何着か持っています

お守りみたいな存在、
ファイントラック／
ドライレイヤーベーシック
タンクトップ

ドライインナー

オールシーズン、必ず着用するインナー。おかげで汗冷えから何度助けられたことか。上に着るウェアによって色など何種類か使い分けています。

山の大切な相棒は
自分にいちばん合うものを

シューズ

春〜秋用シューズ

幅広の足のため、靴選びはだいぶ苦労しました。ハイカットやミドルカットの靴などいろいろ試してきて、今はローカットの靴に落ち着きました。軽くて足運びも楽なので３シーズンほぼこの靴。防水なのでちょっとした水たまりも安心です。

軽くてデザインも◎
サロモン／
クロスハイク2

Point

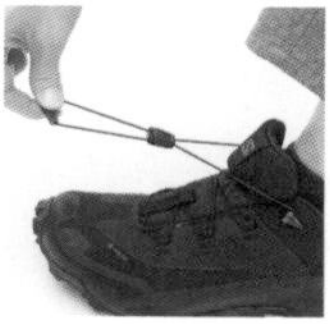

靴ひも代わりのクイックレースがほんとに便利。脱ぎ履きが楽なので、テント泊でのスリッパが不要に。

雪山を始めたころに
購入した
モンベルのスノーブーツ

雪山用シューズ

雪山といっても、私が行くのはピッケルなどを必要としない北八ヶ岳や低山。この靴は保温性があるので、軽アイゼンやスノーシューを使用する時に履いています。そろそろ本格的な冬靴が欲しいなと思いながらも躊躇しています。

インソール

長時間歩くと足裏に痛みがあったのですが、インソールを使用するようになってからかなり改善！　今ではどんな靴にも入れるほど、なくてはならない存在。

カカト部分の
クッションがいい！
ミューラー／
グラウンドコントロール

ソックス

いろいろな靴下をはいてきましたが、最近はこの靴下がお気に入りで、２足買いするほど。ほどよい厚みで足裏にマメができにくい。

この配色が好き。
ハイカートラッシュ／
トレイルマジック

Outfit
―2―

夏のテント泊登山

待ちに待った夏山シーズン到来！

梅雨が明け、高山植物が色とりどりに咲く季節。下界の暑さから逃れて涼しい山の上で過ごしたくなります。特にアルプスなど標高の高いところでは、紫外線対策や汗冷え対策がマスト！　これまで夏に登ってきたなかでいろいろ失敗もしてきましたが、ようやく、これだ！というコーディネートにたどり着きました。

Point

衣食住のすべてを背負うのでずっしりと重くなりますが、コンパクトに収納して、見た目もよくスリムなパッキングを心がけています。

厚手なのにすぐ乾くリージュのTシャツ。袖も長すぎず、短すぎない丈がちょうどいい。

快適さと涼しさを求めて、アンドワンダーのライトハイクパンツを

大きめなTシャツに元気の出る明るめなパンツで

- Tシャツ・・・リージュ
- パンツ…アンドワンダー
- 靴・・・サロモン
- キャップ・・・アンドワンダー
- サコッシュ…ホロ
- バックパック…ロウロウマウンテンワークス/ラスカル

Point

夏山といっても朝晩は冷え込むので、防寒着は必需品。軽くて保温性の高いダウンでしっかり対策を。

（左）夏でもメリノウールが心地よい、アイスブレーカー／ネイチャーダイ
（中）サラッと生地が着やすい、アンドワンダー／ポリエステルサーマレスT
（右）万能白色Tシャツ、ザ・ノース・フェイスのTシャツ

ザ・ノース・フェイスの
ロンTは
リラックス着として

Tシャツ

状況に応じて
さまざまなTシャツを

Tシャツ

夏はTシャツ派です。でも紫外線は気になるので日焼け止めはしっかりと。稜線に出て風が強ければウインドシェルやシャツなどで調整します。

ロングTシャツ

テントや小屋泊などでくつろぐため、必ず持っていくロンT。特に夏場は、汗をかいたTシャツのままだと気になるので、着替えは必須です。

ロングパンツ

ウエストまわりは
ゆとりがあるけど
美シルエットのパンツを

基本的にシルエットがきれいに見えるパンツが好きで、お尻の形がどう見えるかを鏡で必ずチェックします。ただ、タイトすぎると行動中に窮屈なので、おなかまわりはゆとりがあり、足首に向かって細くなっていくラインを選びます。たくさん食べても苦しくならないのも大切。夏は軽くて薄く通気性の高いものを選ぶようにしています。

保温性のある、
アンドワンダー／
ポリエステルクライミングパンツ

マーモットの
美脚パンツ

軽くてはき心地のよい、
ピークパフォーマンス／
シビルライトパンツ

今まで集めた
お気に入りの
小物たち

小物

帽子

紫外線対策や防寒対策など役割の大きい帽子。コーディネート次第でガラッと印象が変わるので、ウェアが決まったあとに合わせることが多いです。夏は特に蒸れやすいので、通気性のよいものを選んでいます。

(左) 極寒用のイエティナ
(中) 二重で暖かい、ザ・ノース・フェイス
(右) 秋に使うことが多い
ノーブランドのニット帽

ニット帽

秋は薄いタイプを、真冬は厚めのもので、季節や気温によって使い分けています。

色違いでそろえた、
ザ・ノース・フェイス／
ミカライトベレー

春夏用ベレー帽

いつのまにかトレードマークになったベレー帽。ツバがない分、日焼け対策は必須ですが、顔がパッと明るく見えるのが好きなところ。

(左) 風が吹いても飛ばされない安心感、
ミドリノテント／オーニングハット
(中・右) ストッパー付きでフィット感のいい、
アンドワンダーのPE/CO hat

春夏用ハット

紫外線が強いときには欠かせないツバありのハット。ストッパーやひも付きなど、稜線の風で飛ばされにくいのが私の選択基準。

春夏用キャップ

真夏は髪を束ねたいので、キャップにして首元をすっきりさせるスタイルも多いです。日焼けを防ぐためにもツバが広めのものを選ぶようにしています。

(左) 汗染みが気にならない、
アンドワンダー／
ペーパークロスキャップ
(中・右) ツバが広め、
ワークマンのキャップ

（小）シルク配合で
柔らかい肌触りが心地よい、
オカラアイニッタのスカーフ
（大）ガーゼ素材で速乾がうれしい、
ハッピーアワートウキョウのハンカチ

スカーフ

日差しから首を守るために、夏はよく巻きます。特にキャップのときは髪をまとめるので、首の日焼け対策にも◎少し首元が寂しいときはコーディネートのワンポイントにもなるし、濡らして首に巻くとクールダウンにもなります。

シンプルで使いやすい
holoのサコッシュ

マチを広げると
5ℓまで入る収納力の、
ロウロウマウンテンワークス／
タビチビ

サコッシュ

山に行くときは必ず持っていくサコッシュ。山行中にすぐ取り出したいものを入れます。たくさん入っているのにそんなふうに見えない収納力のあるものがお気に入りです。
（サコッシュの中身はP44）

体にフィットし
ペットボトルも入る、
ロウロウマウンテンワークス／
ナッツパック

小ぶりなのに
大容量の、
オカラアイニッタ／トムテ

Outfit -3-

秋の山小屋泊登山

寒暖差の激しい秋はレイヤリングが鍵！

日中は暑くても朝晩はかなり冷え込む秋。山小屋でストーブがついていると「あぁ、もうそんな季節か」と感じます。この時期のウェア選びは、登る山や天候によってベースレイヤーの厚さやアウターで調整します。紅葉の鮮やかな色引き立てるように落ち着いた配色でコーディネートするのもポイント。

Point

バックパックは年中使いやすいカラーを持っておくとコーディネートしやすい。

秋らしくカーキでまとめたコーディネート

- シャツ…マーモット
- パンツ…マーモット
- 靴…サロモン
- ベレー帽…ザ・ノース・フェイス
- サコッシュ…ロウロウマウンテンワークス／タビチビ
- バックパック…ロウロウマウンテンワークス／バンビ

ストレッチ性が高く美脚に見えるパンツ。おなかまわりはゆとりがあるので長時間はいても苦しくない

Point

お尻まで隠れるマーモットのロングジャケット。あまり標高差がなく、湿原歩きや、秋の上高地などをのんびり歩くときに着たい一着。

秋冬用トップス

高機能なトップスで寒暖差も快適に

行動前は寒くても歩けば暑くなる秋の山歩き。基本的にはメリノウールや暖かい素材のものを着て、登る山の特徴によってベースレイヤーの種類を変えています。1日目は登りが多いから速乾性のもの、2日目は稜線歩きだからメリノウールなどの保温性のあるものというように、行程によって判断することも。

地厚で心地よい暖かさ。
アイスブレーカー／
ディアイスロングスリーブ
ハイネック

（左・右）暖かく肌触りのよい
アンドワンダー／サーモネルシャツ
（中）サラッとした着心地のメリノウール混の
マーモット／ノーカラーシャツ

ベレー帽

あたたかさとかわいさの両立がうれしい

通気性がよく暖かいベレー帽。特に秋はベレー帽率が高くなります。ニット帽をかぶるには少し暑いかな……というときによく合わせます。ただ、耳が出ていると寒い場合もあるので、少し大きめですっぽりかぶるくらいのサイズを選びます。

保温性のある素材を
裏地に使用している
ザ・ノース・フェイス／
ミカウォームベレー

シーンに合わせて
適切なものを

アウター

軽くてしなやかな着心地の
ティートンブロス／
ツルギライトジャケット

厳冬期の強い味方、
アークテリクス／
ベータSVジャケット

首の保温にもなるリブがうれしい
アトリエブルーボトル／
ハイカーズヤッケ

レインとウインドシェルの両立、
アンドワンダー／
スリーレイヤーUL
レインジャケット

レインウェア

雨が降らない予報でも、風が強いときの防寒対策にもなる万能アイテム。今は２種類を季節によって使い分け。夏は軽く薄手で透湿性の高いものを、冬は猛吹雪にも耐えられる防水・防風性の高いものを使用しています。

ウインドシェル

お守りがわりに１枚持っていると安心のウインドシェル。風が強いけどレインウェアだと暑すぎるというときに最適。

必携品のレインウェアは
機能性の優れたものを
1枚持っていると安心！

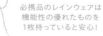

行動中にも
着られる軽くて暖かい、
パタゴニア／
マイクロパフフーディー

晩秋から真冬にかけては、
モンベル／
アルパイン
ダウンジャケット

Aラインシルエットがかわいい、
マーモットの
ロングジャケット

防寒着

季節によって使い分ける防寒着。春から秋にかけては、薄手の化繊ジャケットで朝晩の冷え込みや休憩時も快適に。厳冬期のスノーハイクなどでは厚手のダウンジャケットがあると安心です。

ロングジャケット

あまり高低差のない、ゆるふわハイクのときに着たいジャケット。前からでも、バックパックを下ろしたときの後ろ姿もかわいいのが特徴。フードを外せばスタンドカラーにもなるので、山だけではなく日常使いもできるロングジャケットです。

首まわりがすっきりしたデザインで
レイヤリングしやすい、
マーモットのダウンジャケット

Outfit

—4—

冬の低山ハイク

高性能素材で快適に！

冬は何を着たらいいのか悩みます。登りはじめは寒くても、じきに体が温まって汗をかく。暑くて脱ぐと、休憩中に体が冷える。脱ぎ着が面倒な私は、着たままで温度調節可能なウェアを取り入れることで、冬も快適に山歩きができるようになりました。

Point

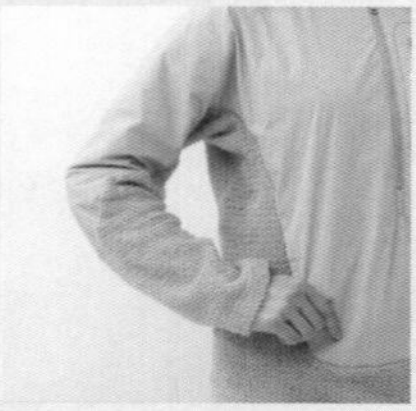

汗をかいたり熱がこもりやすいところは通気性のよい生地を。風が当たり寒さを感じやすい部分は防風性の高い生地を使用しているので快適に歩けます。

通気性と保温性のバランスが◎
アンドワンダー／
アルファダイレクト
フーディー

街でも山でも
気軽に履けるパンツ
山と道／
メリノ5ポケットパンツ

寒くても暑くても
快適な多機能コーデ

- トップス…アンドワンダー
- パンツ…山と道
- 靴…サロモン
- ニット帽…ザ・ノース・フェイス
- バックパック…アンドワンダー／X-Pac 30L

Point

肌触りがよく暖かいメリノウールパンツ。ずっとはいていたくなる着心地で普段使いにも。気温の低いときは下にタイツをはいて調整します。

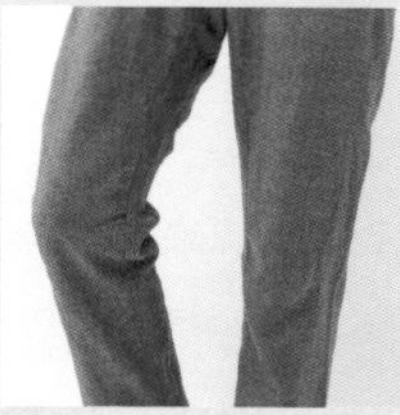

Outfit -5-

冬の山小屋泊登山

**完全防寒で
真っ白な世界を
楽しむ！**

高度な技術や的確な判断が必要とされる雪山にひとりで登る自信はないですが、白銀の世界をのんびり歩いて楽しみたいので、シーズンに数回は経験者と一緒に初級レベルの雪山へ出かけます。厳しい寒さになることもあるので、しっかり防寒対策をしています。適切なレイヤリングをすれば、雪山も安全に楽しめます。

Point

手紡ぎした羊毛でひとつひとつ手作りされているオーダーメイドのハット。すっぽりかぶれる大きさで暖かい、一生モノの帽子。

暖かくて行動中の汗抜けがいい
インサレーション。
山と道／
アルファアノラック
保温性の高い、
ミレー／
モンテローザパンツ

**スノーハイク時は
ほぼこのコーディネート**

- トップス… 山と道
- パンツ…ミレー
- 靴…モンベル
- ハット…オトプケニット
- サコッシュ…
ロウロウマウンテンワークス／
ナッツパック
- バックパック…
ロウロウマウンテンワークス／
アンテロープ
- ポール…ブラックダイヤモンド／
トレイル

Point

冬山の稜線は暴風になることもしばしば。そんなとき、このジャケットは風を遮ってくれるので、安心感があります。

寒い時には
欠かせない！

防寒小物

初めての雪山のときに
購入したグローブ。
暖かく、グリップがあって
使いやすい
（アウトドアリサーチ）

厳冬期用の
オーバーグローブ
（ブラックダイヤモンド）

軽いのでお守り代わりとして
持っていくグローブ
（テムレス）

グローブ

天気や季節、気温によって選択するグローブ。厳冬期用のものから肌寒い秋に使うものまでさまざまです。指先がかじかむと写真を撮ったりするのもつらくなってしまうので、状況に応じてグローブを変えています。

山ごはんの支度など
指先を出したいときの
ハンドウォーマー
（アクリマ）

スマホ対応の
インナーグローブ
（ノーブランド）

裏起毛が暖かい、
晩秋から冬にかけて使う
グローブ
（アクシーズクイン）

触り心地がよく、
ボタンで温度調節可能
（サトルボイス）

ネックゲイター

首まわりを温めるだけで快適になるネックゲイター。厳冬期用の暖かいものと、秋から冬にかけて使えるメリノウールを使い分けています。特に休憩時は首元が寒くなりがち。寒い時期は必ずバックパックに入れています。

厳冬期の山行時に大活躍！
ふわふわで暖かい
（モンベル）

Chapter

2

山道具

愛着がもてる相棒
山道具を選ぶためのアイデア

軽量・コンパクトが基本のき

山道具を選ぶ基準は軽さ！デザインがかわいくても重いとだんだん持っていかなくなるので、軽さはかなり重要視しています。特に重い荷物を背負って長時間歩くのが苦手なので、少し値段が張っても軽いものを選んでいます。今は、軽くてデザインも性能もいいものがたくさん。そのなかで「これだ！」と思えるものをずっと使っています。

クッカー類はスタッキングしてコンパクトに収納！

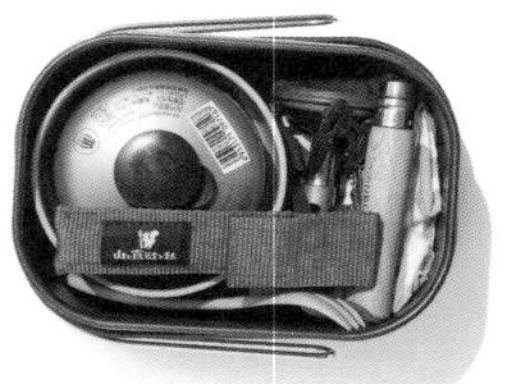

クッカー類はスタッキング命

バックパックに詰めるとき、いかにコンパクトに見た目がよくなるかを大事にしています。特に山ごはん道具はかさばるので、クッカー類がコンパクトに収まるようなものを選んでいます（P49参照）。ひとつにまとまればパッキングもしやすいです。

スタッフサックで小物もすっきり整頓

使いたいときにすぐ見つけられないと、それだけで時間も体力も消耗してしまうので、どこに何があるかを把握するためにもスタッフサックを利用します。この形のものは口が大きく開くので、入れたものを探しやすいのがいいところ。サイズ違いのものをそろえ、用途に合わせて入れ替え（使い分け）ています。おかげでバックパックの中もすっきり！

ロウロウマウンテンワークスの
ストレージサックは、
バックパックの上に
取り付けられるので
拡張用としても便利！

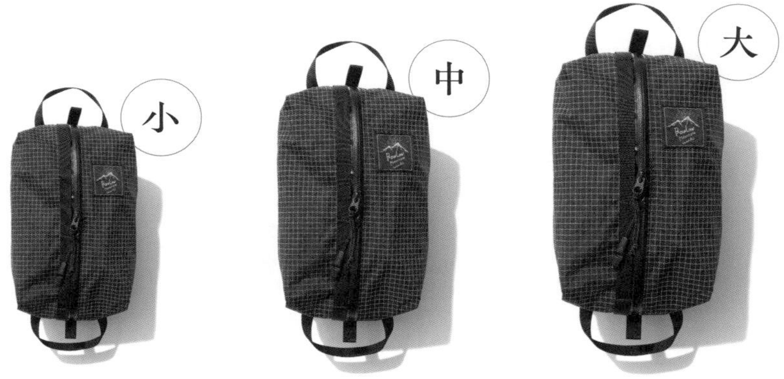

日帰りや低山ハイクのときの小物用

小屋泊のときの小物用

テント泊のときの山ごはん道具

同じブランド、同じ色でそろえる

好きなものを集めていたら自然と同じブランドや似たようなトーンのものが多くなっていました。性能重視なので例外もありますが、統一感があるとテント内がスッキリして居心地がいいです。自分らしい基準で選んだ道具たちは、山でも満足感を与えてくれます。

日帰りハイク

山に登るための私の必要アイテム

このセットは私にとっての基本の装備。季節や登る山に応じて「ちょっと寒そうだからこれを足そう」とか「こっちに変えよう」など、さらに装備の内容を吟味していきます。基本が明確になっていると、前日の準備で焦ることが少ないです。

基本の装備

ストレージサック
小

日焼け止めや
ファーストエイドキット、
サングラスなどは
すぐ取り出せるように
前のポケットへ

総重量
5～6kg

ロウロウ
マウンテンワークス／
バンビ

28ℓのバックパック。前ポケットが使いやすく日帰り登山や1泊2日の小屋泊にちょうどいいサイズ。

基本の装備

1 山ごはん道具入れ 2 レインウェア ティートンブロス／ツルギライトジャケット 3 ミレーのレインパンツ 4 ロウロウマウンテンワークスの小物入れ 5 行動食入れ（詳しくはP41） 6 イスカの保冷バッグ 7 ダウン パタゴニア／マイクロ・パフ・フーディ 8 リバースの水筒 9 プラティパスの水ボトル 10 日焼け止め 11 エマージェンシーキット 12 手ぬぐい 13 ロウロウマウンテンワークスの折りたたみシート 14 ルミックス／G100 15 レオフォトの三脚 16 メッシーウィークエンドのサングラス

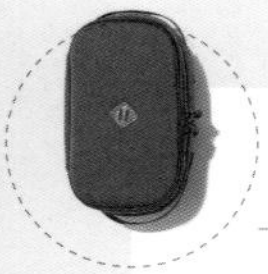

これひとつで
山ごはん道具が
ひとまとまりに

山ごはんセット

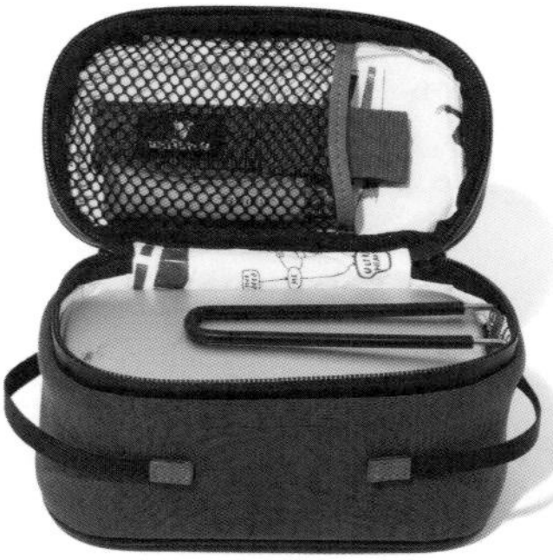

1

2

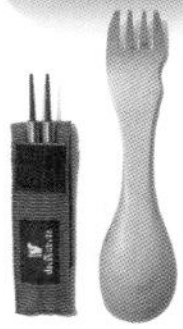

3

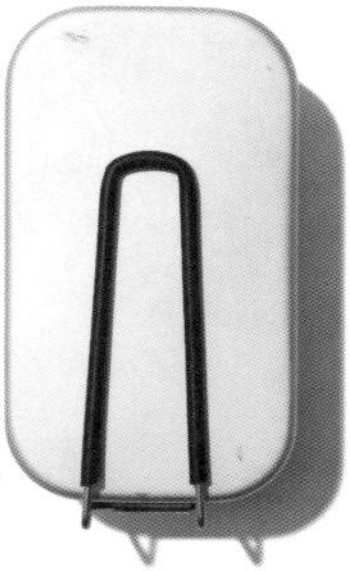

4

小物入れ

1

5

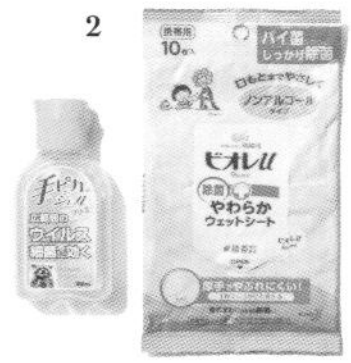

2

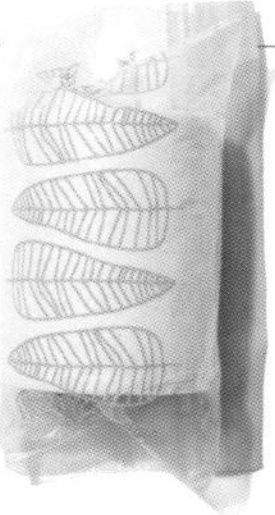

3

4

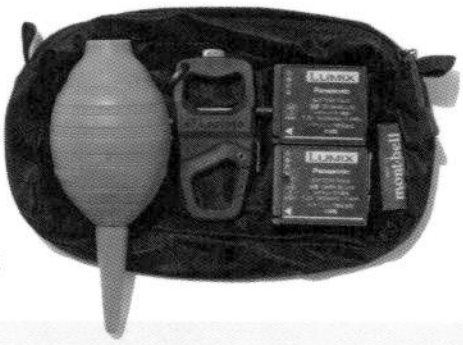

6

7

8

9

小物入れ

1 ブラックダイヤモンドのヘッドライト 2 消毒液 3 モンベルのトイレットペーパー 4 望遠用のレンズ ルミックス／14-140㎜ 5 ミニマライトの軽量カップ 6 バッテリー&カメラメンテナンス道具 7 ゴミ袋 8 ドリップバッグコーヒー 9 必ず持っていく、アンカーのモバイルバッテリー10,000mAh

細々したものはスタッフサックに
まとめて入れると
バックパックもスッキリ！

山ごはんセット

1 10年前から使っている、SOTO／ウィンドマスターとOD缶 2 折りたためてコンパクトになる、オピネル／ナイフ#7 3 専用ケース付きの折りたたみ箸&エバニューのフォクープ 4 サンドリーのメスティン

メスティンの中にはガス缶やバーナーを、
メッシュ部分にはカトラリーやナイフなどを
入れておくと、調理のときにスムーズ！

山小屋泊

**山の時間を
楽しむための
快適装備**

小屋泊は日帰り装備とそれほど変わりません。私の場合、着替えとメイクポーチとシーツをプラスするだけ。食事は山小屋でいただくようにすれば調理道具は不要です。朝晩は冷え込みますし、朝日や星空を見るためにも、防寒着は忘れずに。

P32の

基本の装備にプラス

基本の装備にプラス

1 モンベルのインナーシーツ 2 オルトリーブの圧縮袋に着替え類を 3 次の日に着るものをリラックス着として 4 替えの靴下 5 星空撮影のときなど寒いので薄手のニット帽 6 メイクポーチ

**モンベルのインナーシーツ
レクタングラーシーツ**

寝具と直接肌が触れないように布団にセットする封筒型のシーツ。汗をかいたまま布団に入るのは抵抗があったのですが、これのおかげで気にならず眠れるようになりました。最近は小屋でインナーシーツを用意してくれるところもありますが、できるだけ持っていくようにしています。

着替え

小屋に着いたらリラックスしたいので、替えのトップス、靴下、下着類を圧縮袋に入れて持っていきます。そのまま翌日の行動着にすれば翌朝着替える手間も省けます。圧縮袋でしっかり空気を抜いて、バックパックの一番下に入れて持っていくのが◎

メイクポーチ

スキンケアとメイク道具は軽量化してひとまとめにします。(P90参照)

総重量
6〜7kg

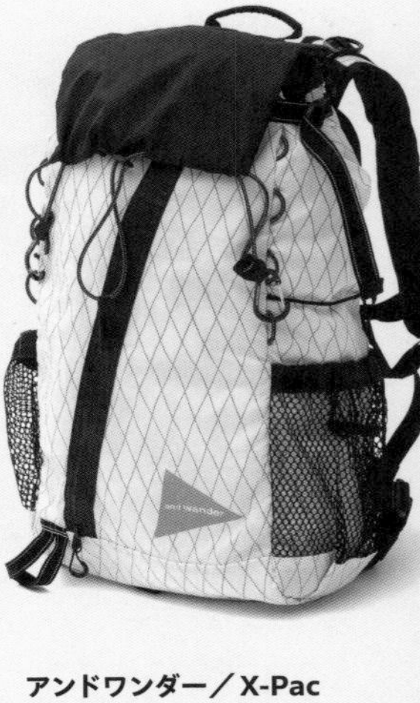

アンドワンダー／X-Pac

小屋泊にちょうどいい30ℓのバックパック。開口部が広いので中のものが取り出しやすい。

春夏のシェルと防寒着

1

2

季節によって
防寒着を
使い分けています

秋冬のシェルと防寒着

1

2

3

4

秋冬のシェルと防寒着

1 レインウェア アークテリクス／ベータSV 2 モンベル／アルパインダウンパーカー 3 モンベル／スペリオダウンパンツ　朝日や星を見るときには欠かせない 4 アクシーズクインのグローブ　朝晩は寒いのでグローブも忘れずに

春夏のシェルと防寒着

1 ティートンブロス／ツルギライトジャケット 2 パタゴニア／マイクロ・パフ・フーディ

テント泊

**衣食住すべて背負って
自然を感じる旅へ**

必要な道具すべてを背負って歩くテント泊。その重みがしんどいこともありますが、目的地に着いてテントを広げ、自由きままに楽しめる時間が何より心地よいです。自然をより身近に感じることができるのもテント泊の魅力。特に夜、満天の星空を眺めながらぼーっと過ごすのが好きです。

P32の

基本の装備にプラス

ストレージサック
大

基本の装備にプラス

1 寝袋 イスカ／エアドライト290ショート 2 マット ニーモ／テンサーインシュレーテッド 3 テント ニーモ／アンディ2P 4 山ごはんセット 5 着替えはオルトリーブの圧縮袋でコンパクトに 6 グランドシート 7 ペグ 8 テントポール 9 モンベルのヘッドライトに取り付けるランタン 10 お酒はワイン用ボトルに入れて少しでも軽量化 11 モバイルバッテリー大20,000mAhのもの 12 メイクポーチ

総重量
12～15kg

ロウロウマウンテンワークス／ラスカル

たくさん入ってパッキングがしやすい45ℓのバックパック。ポケットが大容量なのもうれしい！

1泊2日だと、これに
2〜3食分の食材が
プラス

山ごはんセット

1

3

4

5

2

6

7

山ごはんセット

※作るものによってクッカー類は変わります

1 tofの折りたたみ式テーブル 2 地面に水平をつくる構造で調理もしやすい軽量のまな板、ミニマライト／レベルプレート 3 ソトのバーナー&ガス缶 4 カトラリー 5 オピネルのナイフ 6 エバニューのフライパンと鍋 7 山のうつわ

テントと就寝セット

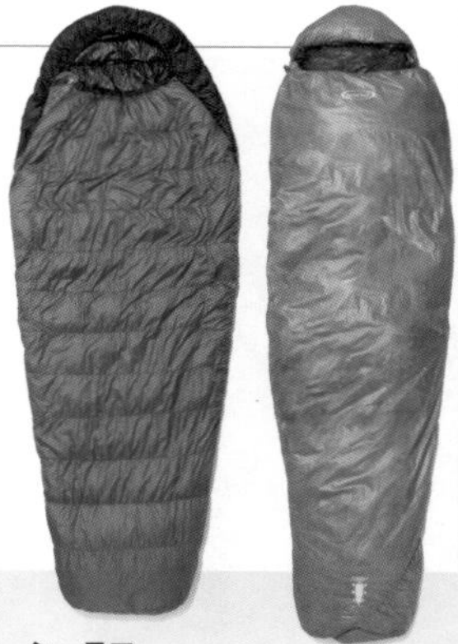

テント

ニーモ／アンディ2P。重量が1.2kgで比較的軽いテント。ポールに吊り下げるタイプで立てやすいのもいいところ。2人用なので1人だと快適に過ごせ、荷物が整理しやすいです。

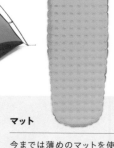

マット

今までは薄めのマットを使っていたのですが、腰が痛くて眠れないことも。エアマットに替えたら、ふわふわでよく眠れるようになりました。小さくなり、付属のポンプがあるので膨らますのも楽!

シュラフ

夏はイスカのエアドライト290を使用。軽くてコンパクトだけど保温性もバッチリ！ 秋はモンベルのダウンハガー800#3の女性用。足元のダウン量がアップしていて、少し小さめに作られています。

まったり裏山ハイク

リフレッシュしに
近所の裏山へ

息抜きをしたい！と思ったときはカメラも持たずに裏山へ。バックパックにはおやつとコーヒーセット、最低限の山道具。山頂でぼーっとして、挽きたてのコーヒーを淹れれば、自然と心もカラダもリフレッシュします。

基本の装備

ストレージサック
小

1

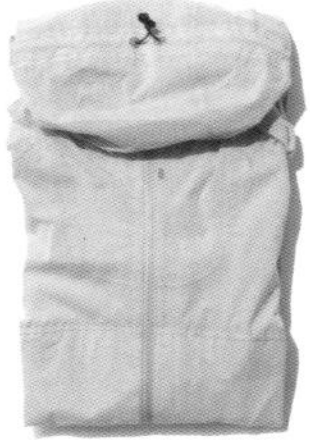

2

3

4

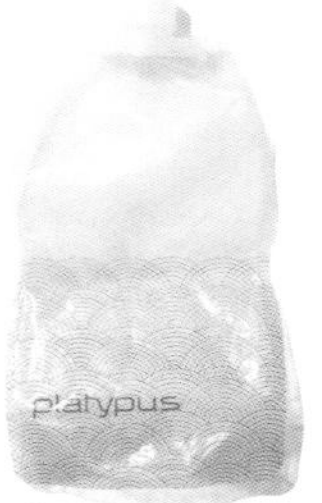

5

6

7

8

基本の装備

1 小物入れ 2 アンドワンダーの薄めのレインジャケット。ウインドシェルにもなる 3 ロウロウマウンテンワークスの折りたたみシート 4 リバースの水筒 5 プラティパスの水ボトル 6 おやつセット 7 日焼け止め 8 手ぬぐい

総重量
3kg

オカラアイニッタ / リーテッ

裏山散策にちょうどいい12ℓのバックパック。見た目よりよく入る優れもの。

小物入れ

小物入れ

1 ファイヤーボックスのコーヒーミル 2 ユニフレームの軽量コーヒーバネット 3 丸いフォルムが手に馴染む、ミニマライト／ウェイバーカップ 4 お湯を注ぎやすい、ジンダイジマウンテンワークス／ヒルビリーポット 5 モンベルのトイレットペーパー 6 ゴミ袋 7 エマージェンシーキット 8 消毒液 9 SOTOのガスバーナー&OD缶 10 ヘッドライト 11 モバイルバッテリー10,000mAh

行動食セット

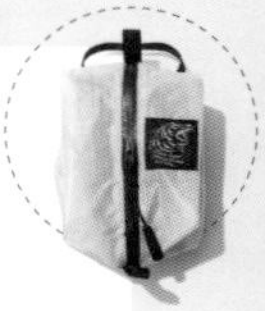

行動食セット

毎回気分によって変わりますが、基本的に大福やどら焼きなどの甘いもの&酸っぱいものと、エナジーバー 1 どらやき 2 ドライフルーツ 3 シリアルバー

挽きたてのコーヒーを
山で飲むのは
最高に幸せ！

コーヒーセット

普段の山行では撮影に追われて、なかなかゆっくりコーヒーを飲む時間がもてないのが現実。リフレッシュを目的に歩く裏山散歩だと時間を気にせずのんびりできるので、コーヒーセットは欠かせません。お気に入りのおやつとコーヒー豆の香りが至福のひとときです。

P32の

基本の装備にプラス

雪山 スノーシュー ハイク

雪のなかで遊んだあとは 暖かい山小屋で過ごす

真っ白な雪原をスノーシューでのんびり歩くのが楽しくて、ここ数年、北八ヶ岳エリアに毎年行っています。夏とは違った冬の魅力を小屋泊で味わっています。ただし、想像以上の寒さなので、防寒対策はしっかりと！

総重量
8kg

ロウロウ マウンテンワークス／アンテロープ

スリムに収納できる40ℓのバックパック。前面にはスノーシューも取り付けられる。

基本の装備にプラス

1 小物入れ 2 雪山の防風対策に欠かせないハードシェル アークテリクス／ベータSV 3 ミレー／レインパンツ 4 モンベル／アルパインダウンパーカー 5 モンベル／スペリオダウンパンツ 6 サーモス／ステンレスボトル500mℓ 7 スノーシューの必需品 ストック ブラックダイヤモンド／トレイル 8 軽くて小回りが利いて歩きやすいスノーシュー ノーザンライツ／レース 9 着替えセット 10 メイクポーチ 11 ブラックダイヤモンドのオーバーグローブ 12 アクシーズクインの裏起毛のグローブ 13 スマホ対応可のグローブ 14 冬山の必需品のサングラス メッシーウィークエンド

冬の必需品

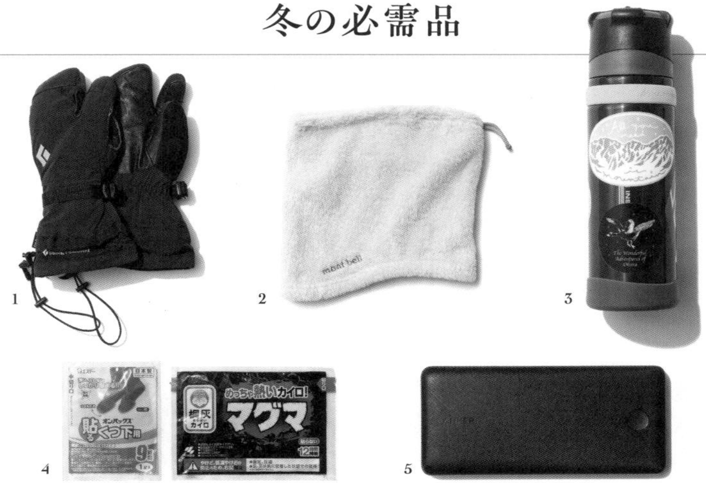

冬の必需品

1 3本指タイプのオーバーグローブ。この中にカイロを入れて指先を温めます 2 鼻と口を覆うためのモンベルのネックウォーマーは究極に寒い時に 3 冷えた体を一瞬で温める山専ボトル。やけどに注意 4 カイロは絶対コレ。足裏用(左)、寒さにも強いマグマ(右)。いつでも指先を温められるようポケットに 5 寒いと電池の減りが早いのでモバイルバッテリーはアンカーの20,000mAhのものを

サコッシュの中身

すぐ使うものだけを詰め込んで、
なるべく軽く、便利に

登山のとき、必ず持っていくサコッシュ。財布、カメラ、リップなどよく使うものを入れています。たくさん入れすぎると片側だけ重くなって肩が凝りやすくなるので注意。日焼け止めは休憩時に塗るので、バックパックの中に入れています。

総重量
0.7kg

使う頻度が高いものを
サコッシュへ。
重くならないように
入れる物は最低限に

**ロウロウ
マウンテンワークス／
タビチビ**

よく入る大容量のサコッシュ。マチが広い分、探し物もしやすい。

1 歩くシーン撮影用のジンバル付きカメラ DJI／Pocket2 2 カメラとしても大活躍な、iPhone 14 Pro 3 軽くて使いやすく、一度使ったら普通の財布に戻れなくなる、ミニマライト／プレイウォレット 4 ニベアの保湿リップ 5 ケイトの口紅 6 コンタクトレンズの予備 7 目薬 8 知人が作ってくれたポーチ 9 オカラアイニッタのハンカチ 10 化粧直しにクッションファンデ

Chapter

3

山ごはん

気分の上がるメニューのために
山ごはんをおいしくするアイデア

「おいしい」が大前提

山でもおいしいものが食べたいと思って作り始めた山ごはん。軽くて傷みにくい材料など、普段作るときとはまったく違う視点でレシピを考えないといけない分、おいしく作れたときの感動もひとしおです。もちろん、たまに失敗はあるけれど、「自然」というスパイスがなんでもおいしくしてくれる。まずは気負わず作ることが大切です。

Beauty Healthy Energy がコンセプト

何時間も山を歩いた体は、疲労がたまって悲鳴をあげていることも。なるべく栄養のあるものを食べたいので、タンパク質、ビタミンなどがバランスよく摂れるメニューを考えています。特に疲労した体や紫外線をたくさん浴びた肌には、ビタミンが欠かせません。サプリだけではなく、食べ物から栄養を積極的に摂るようにしています。

調理時間はなるべく短く、20分以内を目安に

日帰り登山での調理は、いつも時間との闘い。せっかく山にいるのだから、景色を見ながらゆっくり過ごしたいですよね。そこで、山での調理工程ができるだけ簡単に済むように考えています。たとえば、下ごしらえを家でしていけば、山では焼くだけで済みます。自然の中で食事を味わう贅沢な時間を上手に楽しむための工夫をしましょう。

できるだけその土地・旬の食材を使う

旬の食材はおいしいだけでなく、栄養価も高いので、レシピになるべく取り入れます。旅先では、その土地の食材や調味料を必ずチェック。以前、丹沢の麓でピーナッツバターを買って坦々麺に入れたのですが、それが予想外においしくて。普段はあまり冒険しないけど、旅先で出会った新しい食材を組み合わせるのはとても楽しいんです。

見た目も美しく、盛り付けもぬかりなく

料理は見た目も大事。盛り付けがうまくいったらそれだけおいしそうに見えるから。山では、なるべく色のある食材を使うように意識しています。赤や緑が加わると料理が色鮮やかになり、目が喜びます。お皿に盛り付けてなるべく高さを出したり、ちょっとした工夫をすることで満足感がUPしますよ。

山ならではの 調理&食材携行術

時間や重量に制限があるなかで、
いかにおいしく
満足できるかが鍵!

1

山のレシピは 冒険しない!

私のレシピは、普段作っているものを山向けにどうアレンジするかが基本。失敗したくないので、冒険的な組み合わせはあまりしません。何を作ろうか悩んだときは、山ごはんのレシピよりも、家庭用のレシピ本から「食べてみたい!」と感じるものを探します。それをいかに山用にアレンジするか考えるのが楽しいんです。

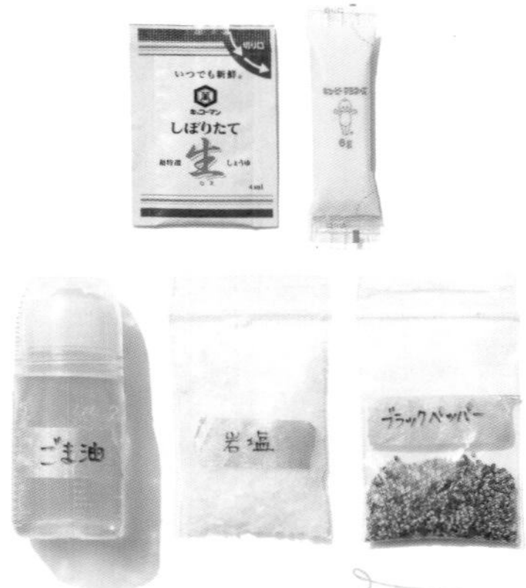

わかりやすいように
ラベリングしておくと◎

2

調味料は コンパクトに 使う分だけ

荷物を少しでも軽量化したいので、持ち運びにはジッパー付きの保存袋や小さな容器をフル活用しています。スーパーの調味料売り場では、常に小分け調味料をリサーチ。食材を入れてもOKな小さいジッパー付きの保存袋は業務用スーパーで見つけました。いろいろなサイズのものを用意しておくと使い勝手がいいです。

3

事前準備で 山での調理を 簡略化

時間を有効に使うために、事前に準備できる下ごしらえは家で済ませておきます。特に肉や魚などは下味をつけておくと味がなじむし、いろいろな調味料を持っていく手間も省けます。私は山でお肉や魚が食べたいときは塩麹をよく使いますが、これが優秀！　お肉が柔らかくなり、保存性も高まります。

いつも入れ方を
試行錯誤

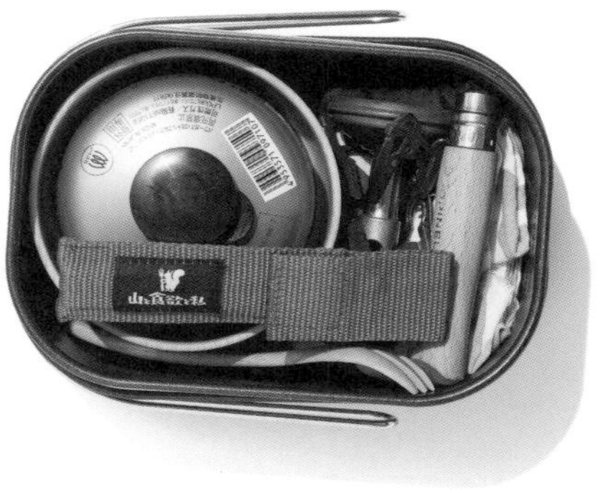

4
調理道具は軽さと持ち運びを考慮して選ぶ

なるべく軽いものやスタッキングのしやすさを考えて選びます。クッカーの中にガス缶、バーナー、カトラリー類まで入れられると、いざ調理するときに探さずに始められるのでとても便利。毎回パズルみたいに入れ方を悩みますが、ぴったり収まったときは大満足。ひとつにまとめるようになって忘れ物がだいぶ減りました。

5
後片づけまで想像して準備する

山ごはんは、なるべくゴミが出ないようにするのが鉄則。調理後の焦げつきやにおいが気になる料理を作るときは、型取ったクッキングシート（メスティン折りなど）を中に敷いて調理します。汚れを拭き取るための紙の量を減らせますし、続けて調理してもあまりにおいが気になりません。コーティングされたクッカーを使うのも◎。

6
軽量化のためにフリーズドライを活用

最近のフリーズドライは、「本当にお湯を注いだだけ？」と思うほどおいしいものがたくさん。便利すぎて日常でも使っています。特に大根おろしやとろろなど、ひと手間かかるものはとっても便利。お湯を注ぐだけで簡単にできるので、いろいろな種類のフリーズドライをストックしています。

お気に入りの
フリーズドライ
TOP4！

こだわりの マイ山ごはん道具

今まで少しずつ
集めてきた
お気に入りのものたち。

外で作るごはんは
最高のご馳走！

クッカー

パーゴワークス／トレイルポット

初めて使ったときに、調理のしやすさに感動しました。焦げつかず、後片づけもさっと拭き取るだけで簡単。少し重いですが、調理道具がすべて収まるスタッキング力に惚れました。

クッカー

ジンダイジマウンテンワークス／ヒルビリーポット550

重量80gのアルミ製。取っ手がないのが少し不便ですが、OD缶とバーナーを収納してひとつにまとめられるので、お湯を沸かすだけのときはかなりコンパクトになります。

バーナー

SOTO ／ウィンドマスター

初めて購入した山ごはん道具がこれ。風に強い構造で、おまけに軽い！　ゴトクを外して収納でき、コンパクトになるのもうれしい点。別売りの4本ゴトクを愛用しています。

クッカー

サンドリー／メスティン

炊き込みごはんを作ったり、蒸し物をしたり、1人ごはんのときはだいたいこれ。クッキングシートを敷くと焦げつきにくいので、後片づけも楽です。なにかと便利な目盛り付き。

ホットサンドメーカー

SOTO／
ミニマル
ホットサンドメーカー

ハンドルが折りたためてコンパクトになる珍しいタイプ。上下を外してフライパンとしても使えます。私はこれで、溢れそうなほど具材たっぷりのホットサンドを作ります。

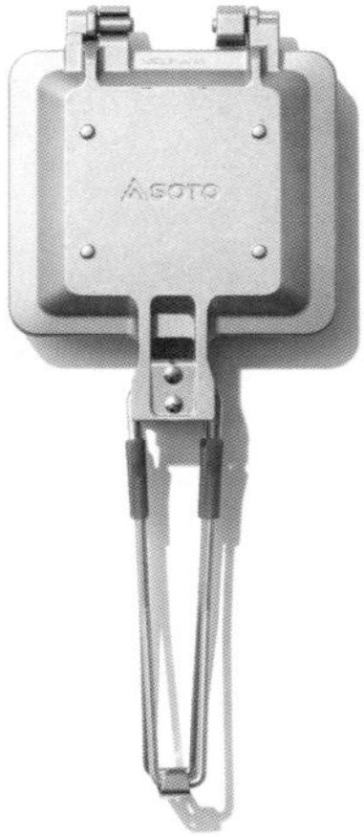

まな板

ミニマライト／レベルプレート

まな板にも、調理台にもなる板。不安定なところで使うときは四隅の溝に枝や石を挟むと水平になるので、料理に集中できます。この安心感が130gで手に入るのは感動です！

ウォーターボトル

プラティパス／
ソフトボトル 1L

調理用の水は必ずこれに。自由に変形できるのでザックの隙間に入れられて、使い終わったあとはかなり軽量でコンパクトに。登山を始めたころから愛用しています。

保冷バッグ

イスカ／フォールドアップクーラーS

丈夫な保冷バッグを探し続けて、これにたどり着きました。しっかり保冷効果があり、食材もたっぷり入ります。折りたためてコンパクトになるのもうれしい。

保温ポット

サーモス／
山専ボトル

冬の必需品。朝入れたお湯が翌日まで温かいので、沸かし直さず、このまま使えます。体が冷えきったときも、これがあればすぐ温かいものが飲めるので、本当に重宝しています。

食器

ヴィヴァフデ／山のうつわ（大中小）

木の器は重いから山では使えないと思っていましたが、これは3つセットで210gと軽量。国産の木を使っていて、触り心地もいいんです。ひとつにスタッキングも可能。

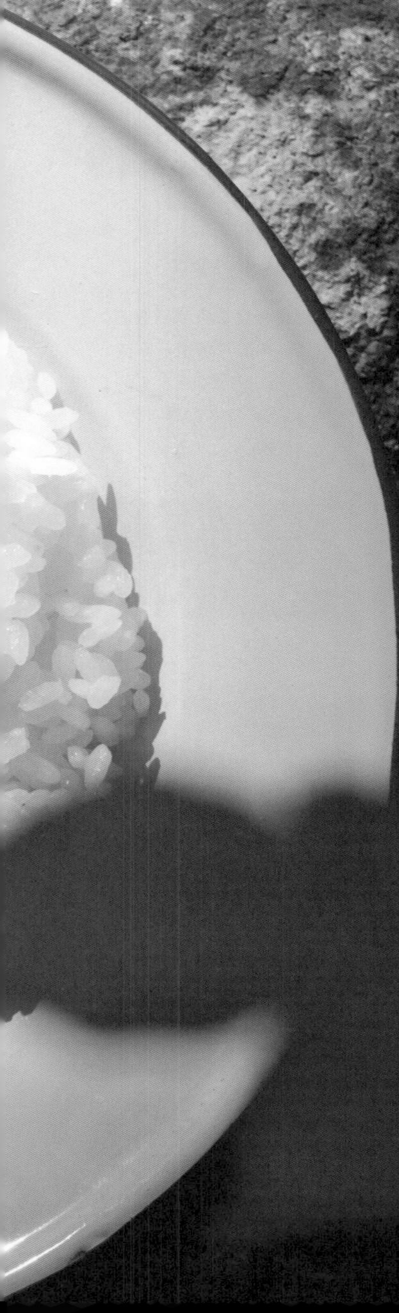

満足度の高いおいしさ

大豆ミートのガパオライス

家ではひき肉で作るのですが、
試しに常温保存可能な
大豆ミートで代用してみたら、
なんといつもと変わらない味に！
調味料をあらかじめ混ぜておけば、
山でも手軽に作れます。

10分

材料

大豆ミート…50g
パプリカ…1/4個
玉ねぎ…1/4個
バジル…5枚
にんにく（チューブ）…2cm
ごま油…大さじ1
ゆで卵…1/2個
アルファ化米…1袋

<合わせ調味料>
鶏ガラスープの素…小さじ1/4
ナンプラー…小さじ2
醤油…小さじ1弱
オイスターソース…大さじ1
砂糖…小さじ1
水…大さじ2

作り方

1 （家で）調味料は合わせて容器に入れておく。
2 （山で）フライパンにごま油をひき、にんにく、玉ねぎ、パプリカを中火で炒める。
3 野菜がしんなりしたら大豆ミートを加え、1の調味料を入れて全体に絡める。
4 最後にちぎったバジルを入れ、戻しておいたアルファ化米とゆで卵を一緒に器に盛る。

Point

大豆ミートは、暑い時期や縦走時に便利！　高タンパク食材なので疲労回復にも効果的です

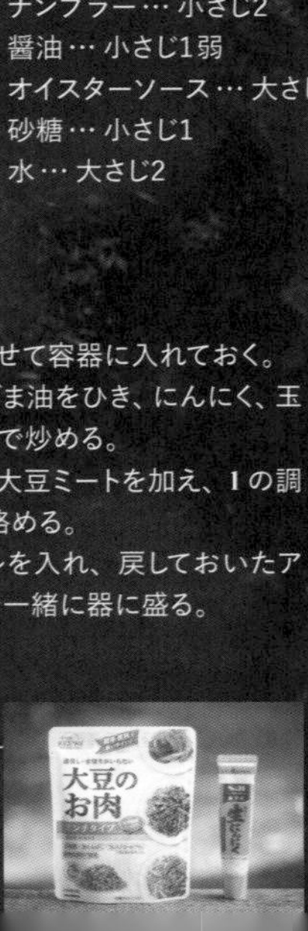

いろどり＆栄養たっぷり

チキンとアボカドのホットサンド

家でもほぼ毎日食べている
キャロットラペがアクセントです。
見た目が色鮮やかになり、
酸味が効いてとてもおいしい！

12分

材料

食パン（6枚切り）…2枚
サラダチキン（小さめ）…1個
アボカド…1/2個
スライスチーズ…1枚
マスタード…適量
キャロットラペ…20g

作り方

1 食パンの片面の真ん中に2mmほどの深さの切り込みを入れる。
2 アボカドを 1cm幅にスライスし、食パンにキャロットラペ、アボカド、サラダチキン、マスタードをのせ、ホットサンドではさむ。
3 両面をこんがり焼いてカットする。

Point

焼く前に食パンに切り込みを入れておくと、具材がはみ出さずにキレイに切れます。

隠し味のバターが決め手

春野菜の ボンゴレ・ビアンコ風

春はどんな野菜を山ごはんに
取り入れようか考えるのが好きです。
甘味のある新玉ねぎと、アスパラガス、
アサリで春らしさを感じる一皿です。

15分

材料

アサリの水煮缶…1缶
早ゆで3分スパゲティ…100g
アスパラガス…2本
新玉ねぎ…1/8個
バター…10g
塩… 少々
オリーブオイル… 大さじ1
鷹の爪（輪切り）…1本
おろしにんにく（チューブ）…1cm
ドライレモン… 1枚

作り方

1 玉ねぎをスライスし、アスパラガスは根元を切り落とし3cm幅、鷹の爪は輪切りにしておく。
2 メスティンにオリーブオイルをひき、鷹の爪、おろしにんにくを入れて弱火にかける。
3 玉ねぎを入れて中火にし、しんなりしてきたら、アスパラガスを加えて軽く炒める。水160㎖とアサリ缶を汁ごと入れる。
4 強火にし、沸騰したらパスタを入れて好みの硬さになるまで水分を飛ばしながら茹でる。
5 バターを入れて全体を混ぜ、オイルとしっかり乳化させる。塩で味を調え、器に盛り付け、ドライレモンを飾る。

暑い日のスタミナメニュー

彩り野菜のポークソテー

暑い日は肉料理が重たく感じることがありますが、このバルサミコソースと一緒なら、脂身の多いお肉でもさっぱり食べられます！
豚肉はビタミンB_1やタンパク質が豊富なので疲労回復にも効果的です。

10分

材料

- 豚ロース厚切り肉…1枚（150g）
- ズッキーニ…4cm
- パプリカ赤黄…各30g
- アルファ化米…1袋
- バター…10g
- オリーブオイル…小さじ2
- 醤油…小さじ1
- バルサミコ酢…大さじ2

作り方

1 （家で）豚肉を塩麹に漬けて冷凍する。野菜はダイス状にカットし、塩もみしてから水分を絞って密閉バッグに入れて持っていく。
2 （山で）フライパンにオリーブオイルをひき、解凍した1の豚肉を強火で焼く。
3 両面にこんがり焼き色がついたら、蓋をして弱火にし、中まで火を通す。しっかり焼けたら肉を皿に盛り、1のダイス野菜をのせる。
4 豚肉を焼いたフライパンに、バター、バルサミコ酢、醤油を加えて中火にかけ、とろっとするまで30秒ほど混ぜる。肉と野菜にかけて完成。

Point

出発前に野菜を塩もみして水分を抜いておくと傷みにくくなる。保冷バッグも併用したい。

夏にぴったりの冷たい一品

簡単さっぱり！コロうどん

5分

さっぱりとした梅干しの酸味とツナマヨの
組み合わせが食欲をそそります。
「コロうどん」とは「冷やしうどん」のこと。
私の地元、愛知や岐阜地方の方言です。

材料

そのまんま麺（うどん）…1人前
パウチのツナ…1袋
梅干し… お好みで
フリーズドライの大根おろし
…1袋
大葉…1枚
マヨネーズ… 適量
うどんのタレ… 1袋

作り方

1 麺を器に入れ、タレを入れてほぐしておく。
2 大葉をのせ、梅干し、ツナ、水で戻したフリーズドライの大根おろしをのせる。
3 ツナにマヨネーズをかけて完成。

Point

水で戻すだけでみずみずしい大根おろしが食べられる優れ物。わずか5gと軽いのも◎。

難しそうに見えて、実はすごく簡単

豆とチキンのスパイスカレー

材料を炒めて混ぜるだけ。
ミックスビーンズとサラダチキンの
組み合わせは、タンパク質を補給できて、
満足感もありオススメです！

15分

材料

ミックスビーンズ…50g
ほぐしチキン…1袋
玉ねぎ…1/2個
アルファ化米…1袋
パウダースパイス
（クミン・コリアンダー・
ターメリック）…各大さじ1
トマトペースト…1袋
ココナッツペースト…1袋
おろししょうが（チューブ）…2cm
おろしにんにく（チューブ）…1cm
オリーブオイル…大さじ1
チリパウダー…お好みで
パセリ…適量

作り方

1 フライパンにオリーブオイルをひき、しょうが、にんにく、玉ねぎを中火で炒める。
2 玉ねぎがしんなりしたら、豆、チキン、スパイスを入れて軽く煎る。
3 トマトペーストを入れて混ぜ、ココナッツペースト、水50mℓを加え、汁気が少なくなるまで混ぜる。
4 パセリをちらし、お好みでチリパウダーをかける。

Point

パウダースパイスを入れるタイミングは、具材を炒めた後、煮込む前が正解！

万能なサバ缶で味付けも簡単

鯖とキノコのさっぱりパエリア

サバ缶はパスタや炒め物、
カレーなどによく使います。
今回は米を炒めてパエリア風に。
米を炊く前に炒めることで
均一に熱が行きわたり、
水っぽくなるのを
防いでくれます。

25分

材料

- サバの水煮缶…1缶
- 乾燥きのこ…5g
- みょうが…1個
- しょうが…10g
- ドライレモン…3枚
- オリーブオイル… 大さじ1
- 米…1合
- イタリアンパセリ… 適量

作り方

1. みょうが、しょうがを千切りにする。
2. メスティンにオリーブオイルをひき、米を軽く炒め、水180㎖、乾燥きのこ、1のみょうがとしょうが、サバ缶を汁ごと入れる。
3. 沸騰したら弱火で12分、火を止めて12分蒸らす。
4. ドライレモンを飾り、パセリをのせて完成。

Point

乾燥きのこからうま味が出るので、出汁いらず！行動食用のドライレモンを添えて、さっぱりと。

お酒は白ワインで決まり!

鮭とキノコの モッツァレラグラタン

肌寒い秋のテント泊で食べたくなります。
サケとチーズは最高に好きな組み合わせ。
サケの塩味とモッツァレラチーズの
とろっと感がたまらない一品です。

15分

材料

塩ザケ … 1切れ
玉ねぎ … 50g
しめじ … 40g
まいたけ … 40g
じゃがいも … 小1/2個
プチトマト … 3個
モッツァレラチーズ … 1/2個
ディル … 適量
白ワイン(水でも可) … 大さじ2
バター … 20g

作り方

1 **(家で)** 塩ザケを塩麹大さじ1で漬け、冷凍して持っていく。
2 玉ねぎを薄切りに、じゃがいもは細切りにする。
3 **(山で)** メスティンにクッキングペーパーを敷き、バターを溶かし、玉ねぎがしんなりするまで中火で炒める。細切りにしたじゃがいもを加え、バターをなじませたら、きのこを入れて軽く混ぜる。
4 **1**のサケと1/4にカットしたプチトマトを入れる。
5 白ワインを入れ、蓋をして蒸し焼きにする。サケに火が通ったら、モッツァレラチーズをちぎって入れ、再び蓋をする。
6 表面にポケトーチで焦げ目をつけ、ディルを散らせば完成。

一度食べたら好きになる

キノコたっぷり
キムチクリームパスタ

初めて食べたときは
「キムチとクリームを合わせるなんて」
と驚いたのですが、
このピリ辛でミルキーな味の虜に！

15分

材料

キムチ…50g
早ゆで3分スパゲティ…100g
ベーコン…50g
しめじ…30g
まいたけ…30g
玉ねぎ…1/4個
オリーブオイル… 大さじ1
牛乳…100㎖
とろけるスライスチーズ…1枚
塩… ひとつまみ
きざみのり… 少々

作り方

1 メスティンにオリーブオイルをひき、ベーコン、きのこ、玉ねぎを中火で炒める。
2 しんなりしてきたら水160㎖と塩ひとつまみを入れ、沸騰したら麺を茹でる。
3 汁気が少なくなってきたら、キムチ、牛乳、さらにチーズをちぎりながら入れる。
4 器にのせ、キムチの残りときざみのりをかける。

Point

山に携行しづらい生クリームの代用として常温保存可能な牛乳を。チーズでコクをプラス。

SOTO

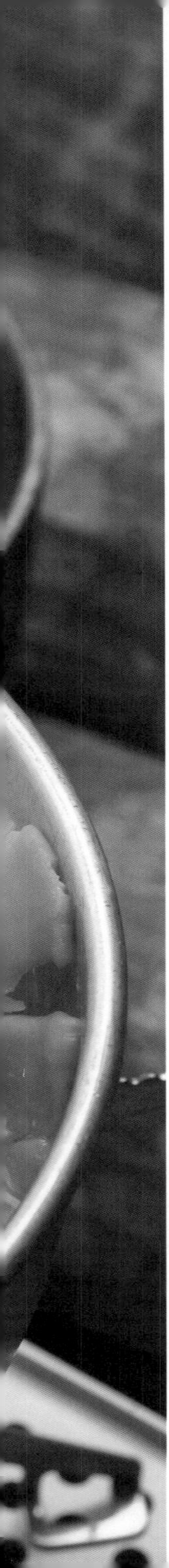

冬の山ごはんの定番鍋

あったかスンドゥブ

山で食材を切ろうとして、
寒すぎて苦労したことがあるんです。
以来、冬の山には食材をあらかじめ切って
持っていくようになりました。
山では材料とお湯を入れて、
温めるだけの時短レシピです。

10分

材料

- 豚こま肉…100g
- 豆腐（常温保存できるもの）…1/2個
- ニラ…1束
- えのき…30g
- まいたけ…30g
- 白菜…60g
- 長ねぎ…10cm
- 塩麹…小さじ1
- コチュジャン…小さじ1
- しょうが（チューブ）…2cm
- 味噌…小さじ1
- プチッと鍋（キムチ味）…1個

作り方

1 （**家で**）ポリ袋に豚肉、塩麹、コチュジャン、しょうがを入れて、よくもみ込んでおく。野菜はひと口大に切り、クッカーに詰めて真ん中に豚肉を袋ごと入れて持っていく。

2 （**山で**）豚肉の袋を取り出し、水200㎖とプチッと鍋を加え、強火にかけて沸騰したら肉を入れる。

3 肉に火が通ったら豆腐を加え、温まったら完成。

Point

あらかじめカットした具材を鍋に詰めていくことで、山ではお湯を注ぐだけ。豚肉は味付けをしておく。

寒い日の朝に食べたくなる

ミネストローネ風オートミールリゾット

腹もちがよく、満足感も高い、
寒い日の朝の定番。
トマトジュースを入れるだけで、
うま味たっぷりのスープに仕上がります。

7分

材料

ソーセージ…3本
好きな野菜…200g
トマトジュース…200㎖
オートミール…30g
野菜コンソメ…1袋
ブラックペッパー…適量

作り方

1 **（家で）**野菜を 1cm角のダイス状にカットし、電子レンジで1〜2分加熱する。
2 冷めたらジッパー付き保存袋に入れる。
3 **（山で）**鍋に野菜を入れトマトジュースを注ぎ、沸騰したらオートミールを加えて混ぜる。
4 ブラックペッパーで味を調える。

Point

あらかじめ野菜を切って電子レンジで加熱しておくと、調理時間が、より時短！

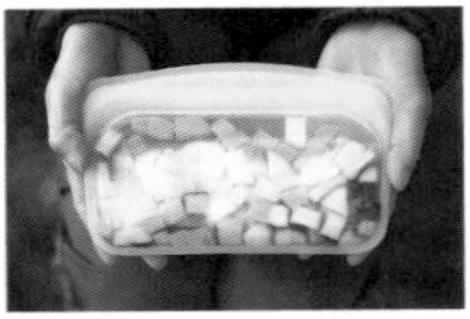

市販の蒸し野菜ミックスで時短＆お手軽

厚切りベーコンのポトフ

テント泊の朝は温かいものが食べたくなる。
そんなときはちゃちゃっとできて
カラダが温まるポトフをよく作ります。
厚切りベーコンで食べ応えアップ！

5分

材料

厚切りベーコン…5cm
蒸し野菜ミックス…1袋
顆粒コンソメ… 小さじ1
ブラックペッパー… 適量

作り方

1 1cm幅にカットした厚切りベーコンと蒸し野菜を鍋に入れる。

2 水200㎖と顆粒コンソメを加えて強火にかけ、グツグツしてきたらブラックペッパーをふりかけて完成。

Point

火の通っている蒸し野菜ミックスを使えば、温めるだけで手軽に作ることができます。

〆はチーズたっぷりのリゾットに

トマすき

「すき焼きにトマト?」と思うかもしれませんが、これがすごくおいしい! トマトの酸味と牛肉のうま味が相まって、いくらでも食べられてしまいます。割下は少し甘めの母の味。バジルの香りがアクセントなので忘れずに。

12分

材料

- 牛肉…150g
- トマト…1個(中)
- 長ねぎ…10cm
- 白菜…50g
- まいたけ…50g
- バジル…5枚ほど
- オリーブオイル… 大さじ1
- 自家製割下… 約300㎖

作り方

1 (家で)割下を作る。醤油、みりん、水、砂糖を鍋に入れ、火にかけて沸騰させる。冷めたら別の容器に入れておく。割合は醤油、みりん、水、砂糖/1:1:1:0.5。

2 (山で)長ねぎは斜めに、白菜はざく切りにし、トマトはヘタを取り除き、ひと口大にカットする。

3 メスティンにオリーブオイルをひき、中火で牛肉を炒める。肉に火が通ったら割下を注ぎ、白菜、長ねぎ、まいたけを入れて蓋をし、野菜がしんなりするまで弱火で煮る。

4 蓋を外し、カットしたトマトを入れ、再び煮立ったらバジルをちらして完成。

Point

柔らかなトマトは、動かないようメスティンの中に。手ぬぐいで固定して運ぶとつぶれにくい。

わが家の記念日によく作る肉料理

大切な日のビステッカ

「ビステッカ」とは、
イタリアのビーフステーキのこと。
玉ねぎとバルサミコ酢のソースが
お肉をおいしくしてくれます。

12分

材料

牛もも肉…200g
玉ねぎ…50g
醤油…大さじ2
バター（冷凍）…20g
オリーブオイル…大さじ1
バルサミコ酢…大さじ2

作り方

1 **（家で）**牛もも肉に塩、胡椒をふっておく。玉ねぎはみじん切りにして、レンジで1分加熱してから冷ましてラップで包む。

2 **（山で）**フライパンにオリーブオイルをひき、強火で牛肉の両面をこんがりと焼き、皿に取り出す。

3 肉を焼いたフライパンにバターを溶かし、中火で1の玉ねぎを炒める。バルサミコ酢、醤油を加えたら肉にかけて完成。

Point

親指と人さし指をくっつけたら、反対側の指で親指の付け根を触ってみて。この硬さがレアに焼き上げる目安。

絶妙な組み合わせが美味！

旬のフルーツのカプレーゼ

イチゴ、桃、マスカットなど、
季節のフルーツとモッツァレラチーズを
合わせるだけでできる華やかな一品。
お酒にもよく合います。

5分

材料

パイナップル…5〜8個
モッツァレラチーズ…1個
バジル…5〜8枚
オリーブオイル…適量
岩塩…適量
ブラックペッパー…適量

作り方

1. パイナップルを皿に並べる。スーパーのカットフルーツがおすすめ。
2. モッツァレラチーズを手でちぎり、バジルをちらす。オリーブオイル、岩塩、ブラックペッパーを全体にかけて完成。

Point

フルーツは液漏れしない容器に入れて持ち運ぶ。登山中の行動食にもしています。

パリパリがクセになる!

餃子の皮ピザ

お酒を片手に、なにかもうちょっと食べたいときに作る簡単おつまみ。好きな素材をのせてフライパンで焼くだけ。コーン&チーズたっぷりが好みです。

7分

材料

餃子の皮…5枚
ピーマン…1個
コーン…1袋
ケチャップ…1袋
とろけるチーズ …30g

作り方

1 ピーマンを細切りにする。
2 フライパンに餃子の皮を並べる。
3 ケチャップ、コーン、ピーマン、チーズの順にのせ、蓋をしてチーズが溶けるまで焼く。

Point

全体にムラなく火が通るよう、フライパンを回しながら火の当たる位置を変えるのがコツ。

お好きな薬味で

きゅうりのザック漬け

友人がジッパー付き保存袋に入れて持ってきたのが、初めての出会い。歩いているうちにもまれて漬かるから「ザック漬け」と呼ぶそう。

7分

材料

きゅうり…2本
みょうが…1本
大葉…3枚
塩昆布…10g
ごま油… 小さじ1

作り方

1 きゅうりを乱切りに、みょうが、大葉は千切りにする。
2 ジッパー付き保存袋にすべての材料を入れ、軽くもみ込む。

Point

材料をジッパー付き保存袋に入れてもむ(歩く)だけ。歩く時間によって漬け具合が変わってくる。

ぶちおいしいっちゃ〜

彦島とろろステーキ

友人が山で作ってくれたメニュー。
彼女のお母さんの味らしいのですが、
偶然にも私の母と同郷（山口県）でした！
簡単にできる絶品おつまみです。

7分

材料

フリーズドライのとろろ…1袋
卵…1個
めんつゆ… 小さじ1
紅生姜（チューブ）…3cm
かつお節…1袋
乾燥ねぎ… 適量
ごま油… 小さじ1

作り方

1 フリーズドライのとろろに水50㎖を入れ、よくかき混ぜて戻す。卵、めんつゆ、紅生姜を加え、さらによく混ぜる。
2 小さめのフライパンにごま油をひき、1をすべて入れ、蓋をして弱火で蒸し焼きにする。
3 少し焦げ目がついたらひっくり返す。両面焼けたら、かつお節、乾燥ねぎをちらす。

Point

フリーズドライのとろろは便利。水を入れて混ぜるだけで、あっという間に完成！

マヨネーズ多めが父の好み

やすひこのポテサ

私の父「やすひこ」はポテトサラダのことをなぜか「ポテサ」と呼びます。
カレー風味がアクセント。
少しスパイシーに仕上げました。

10分

材料

マッシュポテト…30g
寒天 MIX…3g
塩昆布…5g
カリカリ梅…1個
マヨネーズ…5g
カレー粉…3g

作り方

1 お湯を120㎖沸かし、寒天MIXと塩昆布、マッシュポテト、カレー粉を入れた器に注ぐ。
2 よくかき混ぜたらマヨネーズを入れ、さらに混ぜ合わせる。
3 器に盛りつけ、刻んだカリカリ梅をのせたら完成。

Point

カリカリ梅がアクセントに！ 疲労回復効果の高いクエン酸やビタミンなど栄養価も豊富。

salomon

登山YouTuber × 登山漫画家

山ごはん対談

山下（以下、山） 今日はあらためまして。

信濃川（以下、信） あらたまって対談というのは不思議な感じです。

山 そうですね。最初の接点は「山ごはん王」という企画で、先生が発起人であり、審査員。私が出演者。それがご縁で漫画にも登場させていただきました。

信 山下さんは栄えある初代山ごはん王ですからね。なにがきっかけで、そんなに山のごはんに凝り始めたんですか？

山 私が山ごはんにハマったきっかけは、実はラーメンなんです。登山を始めたばかりのころに、山で友人が作ってくれたカップ麺が抜群においしかったので、次に一緒に登ったときはラーメンにのせる野菜炒めを私が作りました。その次は、またなにかラーメンに合うおかずを……と繰り返すうちに今に至ります。先生はきっかけになった料理ってありますか？

信 意外なことに、僕もきっかけは一緒。ラーメンなんですよ。20代のころ、週刊連載に追われて疲れ果てていたときに、友達に誘われて高尾山に行きました。僕はコンビニのパンやおにぎりを持っていったんだけど、仲間の一人がラーメンを作っていた。緑の中で食べるそれが、あまりにおいしそうだったんです。

山 なんだか、似たような原体験ですね。

信 そうそう。次は僕も負けじとラーメンを持っていったら、友達の料理はさらに一歩先に進んでいて……。友達に負けないように山でなにを食べようか考え続けてきたのが、僕の山ごはんの原点です。あのころは、トンカツ弁当にレトルトカレーを温めてかけたりしたなあ。

山 当時は、まだ山ごはんを漫画の題材にしようとは思っていないですよね。

信 むしろ、漫画から逃げたくて山に行ったので、そのつもりはありませんでした。でも、何度か登っているうちに、いつかは山ごはんを漫画にするかも、という予感はあった。連載が始まったのは、それから10年近く後になってからでした。ちなみに、僕は仲間と出かけても、基本的に山ごはんはいつもソロ仕様です。誰が何を作ってくるかは事前に聞きません。お互いに何を作るか張り合うのが楽しい。

山 今日はこんな料理を持ってきたか、

Column

1

Mayumi Yamashita
×
Hideo Shinanogawa

コミック14巻に登場させてもらってます!

山ごはんを題材にした人気漫画『山と食欲と私』。
実は私、縁あって漫画に登場してるんです。
作者の信濃川先生と、山ごはんにハマったきっかけや
レシピのアイデアなどについて、お話しさせてもらいました。

みたいな面白さってありますよね。私も普段はソロ仕様ですが、以前、仲間と料理とお酒を持ち寄りでテントに泊まったことがあって。そのときに、鯛を丸ごと一匹冷凍して持ってきた友達がアクアパッツァを作ってくれた。その夜は次々にワインが空いて、もう最高でした。

信　グループで一緒に食べるのって、そういうところが楽しそう。偶然隣り合わせたテントの人は、きっと羨ましくて仕方なかったでしょうね。

山　先生は新しい山ごはんのレシピって、どうやって思いつくのですか?

信　漫画の主人公の鮎美ちゃんが全国の山に登るので、各地のご当地食材や名物を取り入れた山ごはんを考えることが多いです。山下さんはどうです?

山　私は普段のおうちの料理を山向きにアレンジするって考え方です。山用の特別なレシピというよりは、家庭用の料理本を参考に食材や調理法を工夫します。山でステーキだって焼きますよ。ご当地食材を取り入れるのも好きですけどね。

信　今回紹介しているなかで特に得意な料理はありますか?

山　「トマトすき焼き」(P70「トマすき」)が最近のお気に入りです。いろいろなところで振る舞っています。

信　以前、レシピを教えてもらったのでうちでも作ってみたいんだけど、子どもがすき焼きにトマトを入れることを許してくれないので、まだ食べられてないんですよ……。あ、そう考えると、僕が山で作るのは、普段子どもが一緒で食べられていない辛い料理や香りの強い料理が多いような気がします。

山　普段と違う料理を作れる機会になるのも、山ごはんのいいところかも。トマトといえば、漫画に登場した、くり抜いたトマトに材料を詰めてご飯と一緒に炊き込む「丸ごとトマトのジャンバラヤ」を作ってみたのですが、すごく見た目がよくておいしかったです。

信　あれは元々、食材をどうやって持ち運んだら面白いか、という発想から作ったレシピでした。漫画はおいしいレシピだけじゃなくて、面白い調理法や食材のアイデアを思いついたときもストーリー

信濃川日出雄

しなのがわひでお/漫画家。主人公の日々野鮎美(27歳・会社員)が、山での食事を通してさまざまな登山者と出会うヒューマンドラマ『山と食欲と私』(新潮社)の作者。取材で、日本全国の山々を旅している。札幌在住。

が作りやすい。逆にあまりいいアイデアが思いつかなかったときは、お化けを登場させて誤魔化すこともありますけど。

山　お化けが登場する回の裏には、そういう理由があったのですね……。ちなみに、先生がよく作る得意な山ごはんってなんですか？

信　僕が山でも家でもよく作るのは、漫画でも紹介した「ズボラ丼」。温かい白飯にツナとマヨネーズをかけただけのもので、簡単だけどうまい。一人暮らしのころから、ずっと作り続けています。

山　初めて漫画で鮎美ちゃんが食べているのを見たときに、男性っぽいごはんだなと思ったんですけど、先生ご自身の得意料理だったとは。納得です。

信　SNS映えする凝った料理ももちろんいいけど、山ごはんが難しいものだと思われないよう、漫画では簡単なレシピも意識的に紹介しています。おにぎりや出来合いのおかずを持って近所の山に登って温かい味噌汁と一緒に食べる、っていうだけでも充分楽しめますからね。

山　私はそんな先生の漫画を読んで、私

も「もっともっと山ごはんをやりたい！」と思ったので、同じように感じている読者さんはたくさんいるはずです。

信　描くうえで、「山で初めてバーナーでお湯を沸かしてラーメンを食べたときのときめき」を忘れないようにしようと、いつも心がけています。あのラーメンのおいしさを忘れない！

山　私たちの原点はラーメンですから！

信　あと、僕の将来的な目標としては、漫画を通してもっと山ごはんを登山カルチャーのジャンルのひとつとして定着させたい。その活動の一環として、8月5日を勝手に「山ごはんの日」として日本記念日協会に認定してもらいました。

山　山ごはんの日には、みんなで一緒にごはんを作るイベントがあってもいいし、全国各地の食材や郷土料理を使った山ごはんの大会をしても面白いですね。

信　山下さんは一緒に盛り上げてくれる同志の1人。頼りにしてます。

山　同志と言ってもらえて、うれしいです！　今後も一緒に山ごはんの魅了を伝えていきましょう。

Chapter

4

メンテナンス

きちんとケアで快適に！
メンテナンスのアイデア

山のポーチは軽量に

これまで小屋泊やテント泊のときのメイクポーチの軽量化に試行錯誤してきました。荷物は軽くしたいけど、ある程度のメイクはしたい……、紫外線をたっぷりあびた後だから保湿もしたい……と思うとなかなか両立が難しいのです。ただ、必要最低限のものをコンパクトにするだけでかなり軽量化することができました。今では普段の旅行の時もこのポーチを持って行くほど使い込んでいます。

普段からたっぷり保湿

20代半ばぐらいまで、肌トラブルが多くてかなり悩んでいました。すぐに吹き出物ができるので素っぴんで歩けないほど肌に自信がなかったんです。でも、普段の手入れをしっかりすることで肌の調子はだいぶ落ち着きました。日焼けをしないためには肌の潤いが大事！とメイクさんに教えてもらってからは、特に念入りに保湿をするようにしています。

山小屋でも
パックは欠かせない！

自作の
メイクパレットで
軽量化！

日焼け対策はしっかりと

「登山＝日焼け」は最大の悩み。これが理由で山登りをためらう方も多いと思います。私は仕事柄、絶対に日焼けをしてはいけないので普段から気をつけていますが、日焼けを気にして山での時間を楽しめないのは悲しいので、自分のなかでルールを決めています。休憩のときは必ず塗り直す、塗るときはたっぷりと、というように、しっかり対策をしながら自然と向き合っています。

ストレッチは怠らない

登山前後やお風呂上がりなど、欠かさず行なっているストレッチ。「体を柔らかくしていればケガのリスクが少なくなる」と教えてもらい、日常的に取り入れています。ただ、たくさん種類があって何をすればいいのかわからなかったのですが、一つでもやった方が次の日に残る疲労度が違う気がして毎日コツコツするようにしています。

毎日のストレッチで
ケガ予防を

山のポーチ軽量化術

普段の愛用品を軽くコンパクトに

バックパックの中身は少しでも減らしたいもの。普段のフルメイクポーチはかさ張って重いので、軽くコンパクトになるように工夫しています。私は敏感肌のため肌トラブルが起こりやすいこともあり、なるべく普段から使っているものを持っていきます。

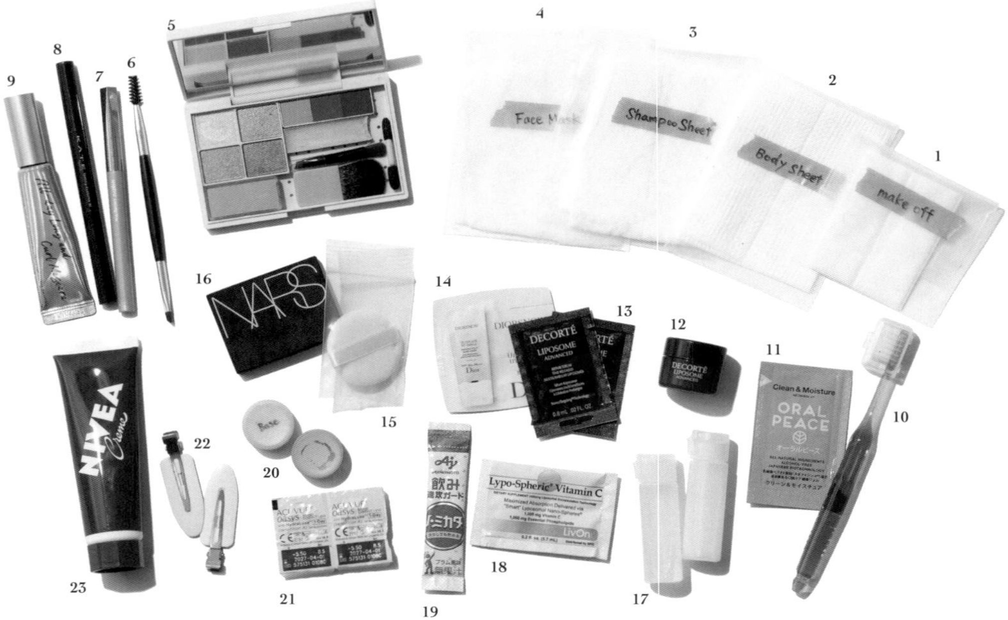

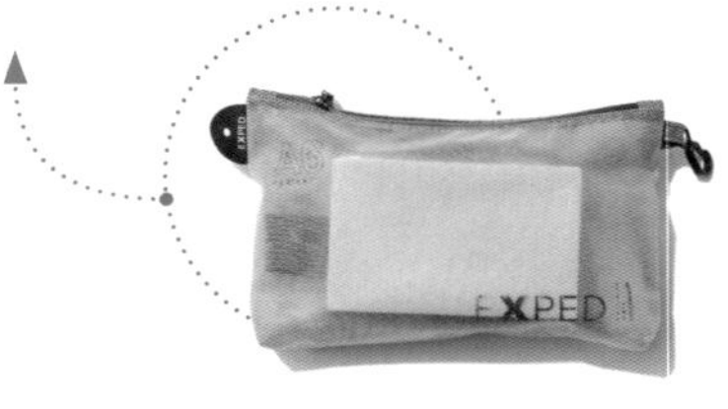

①メイク落としシートは必要な枚数だけ ②ボディシートは少し多めに ③頭皮をスッキリさせるための、メリットのシャンプーシート ④フェイスパックは朝晩で2枚 ⑤自作のメイクパレット ⑥眉ブラシ ⑦汗で落ちにくい、デジャヴュ／アイライナーペンシル ⑧KATEの眉ペンシル ⑨落ちないウォータープルーフマスカラ ⑩歯ブラシ ⑪山でも安心して使えるオーラルピースの歯磨きジェル ⑫夜のケアには欠かせない、デコルテの保湿クリーム ⑬化粧水の浸透をよくする、デコルテ化粧水導入液（サンプル） ⑭ディオールの化粧下地（サンプル） ⑮パウダー用パフ ⑯化粧崩れ知らず、NARSのリフ粉 ⑰毎日のスキンケアには欠かせないドモホルンリンクルの化粧水と乳液 ⑱リポスフェリックのビタミン剤 ⑲お酒を飲んだときに翌朝残らないサプリメントの、ノ・ミカタ ⑳使う分だけのベースとファンデーション ㉑コンタクトレンズ ㉒前髪クリップ ㉓ニベアのハンドクリームをボディクリームとしても

軽量化の工夫

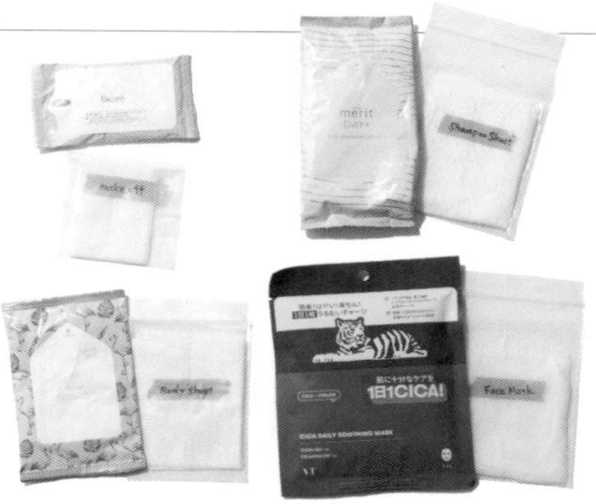

1 シート系は使う分だけ小分けにして

ボディシートや拭き取りメイクシートなど、使う分だけジッパー付き袋に入れ替えて持っていくようにしています。使うときに迷わないようにラベリングは忘れずに。いろいろなサイズの袋があると便利です！

2 ベースメイクは小さい容器に

ベースメイクアイテムは少量しか使わないので、液漏れしない小さな容器に小分けにして持っていきます。前はサンプルなどを使っていたのですが、1回分にしては量が多すぎたり、つけすぎても厚塗り感が出てしまうので、使う分だけ（容器は無印良品）。

アイシャドウ・チーク・
眉パウダー・コンシーラーが
あれば充分！

3 自作のメイクパレットが便利！

チークやアイシャドウなど別々に持っていくとかさ張るし、重くなります。それならひとつにまとめたほうが軽いし便利！ということで、このスタイルになりました。パレットのケースは無印良品。大きい鏡付きがうれしいです。

普段から たっぷり保湿を！

肌のケアは惜しまず徹底的に

朝の保湿は
しっかりと

朝 のスキンケア

朝起きて、まずは泡洗顔。寝ている間にたまった汚れを濃密な泡でやさしく落とします。化粧水でたっぷり保湿し、朝こそビタミンC！　紫外線から肌を守ってくれるので積極的に使っています。日焼け止めはたっぷり保湿をしてから。

①濃密な泡でやさしく汚れを落とすソフィーナの泡洗顔 ②化粧水の入りがよくなり保湿アップ、デコルテの美容液 ③10年使い続けているドモホルンリンクルの化粧水 ④シミの生成を防ぐデコルテの美白美容液 ⑤毛穴やシミ対策にビタミンCの美容液 ⑥朝はさっぱり保湿がいいのでドモホルンリンクルの乳液 ⑦外出するときの日焼け止めはラロッシュポゼ

夜 のスキンケア

夜は美白ケアと
保湿をしっかりと

夜は、朝にプラスして美白ケアも念入りにしたいので、美白美容液を2種類、使い分けています。最後に塗るクリームは「3時間多く眠った肌になる」というフレーズに惹かれて何回もリピート。翌朝の化粧ノリが違います。外で思いっきり遊ぶためにも、良いといわれるものは取り入れるようにしています。

①メイクはしっかり落とすことが大事！　魔女工房のクレンジング ②ソフィーナの泡洗顔 ③デコルテの美容液 ④ドモホルンリンクルの化粧水 ⑤デコルテの美白美容液 ⑥毛穴の引き締めにも効果的なビタミンCの美容液 ⑦気になるシミにはHAKUの美容液 ⑧デコルテのクリームは寝る前にたっぷり

普段のメイク道具

普段から、基本的に薄づきメイク。下地で肌を整えたあと、気になるところはコンシーラーで隠しファンデーションを薄く塗ります。アイメイクもそんなに濃くせず、足りないと感じるところをつけ足すくらいで。

メイク時間は
15分以内！

①発色のいいスックのアイシャドウ ②気になるところをしっかり隠す、エトヴォスのコンシーラー ③眉毛とノーズシャドウの二役、ケイトのアイブロウパウダー ④化粧崩れ知らずのNARSのリフ粉と、相性抜群のキャノンのパフ ⑤資生堂のビューラー ⑥ホットカーラーで根元からまつ毛をUP ⑦眉毛を描くときはこれ、ロージーローザの眉ブラシ ⑧KATEの眉ペンシル ⑨落ちにくい、デジャヴュ／アイライナーペンシル ⑩目尻だけ、デジャヴュ／アイライナーリキッド ⑪少しの量でしっかり塗れる、韓国コスメのマスカラ ⑫チークはほんのりと、アディクションのチーク ⑬自然な眉に、デジャヴュ／アイブロウマスカラ ⑭コンパクトなチークブラシ ⑮ほどよいパール感がいいデコルテの下地 ⑯半プッシュを顔全体にのばす、ディオールのファンデーション ⑰アンドビーのファンデーション用スポンジ ⑱前髪クリップ

アンダーウェアのお話

汗冷え対策で快適に！

以前、アウトドア用の下着をつけず、汗をかいてそのままにしていたら、稜線に出て凍えた経験があり、それから肌に直接触れる部分は速乾性の高いものを着用しています。締めつけ具合なども考え、心地よく着られるものを選んでいます。

ウェアに合わせて
下着の色を
変えています

1

2

①ファイントラックのドライレイヤーのタンクトップ。これのおかげで汗冷えで困ることが少なくなりました ②ブラはモンベルのジオライン。アンダーの締めつけもほどよく、長時間つけていても心地よい ③ショーツはアイスブレーカーのメリノウール。着心地がよく快適で、消臭効果もあるので安心

3

生理のときは?

かなり重いほうなので、生理の期間に重なった場合は徹底的に対策をしています。最近は吸水ショーツが安心。軽い場合などはナプキンをつけずにこれ一枚のときも。経血量が多い場合はナイト用のナプキンを。蒸れて肌がかぶれたりするので、なるべくこまめに取り替えます。

ナプキンはポーチに入れて。持ち帰り用のゴミ袋も一緒に。

ユニクロの吸水ショーツが使い心地抜群で、普段からもこれ。

1

紫外線ケア

防ぎたいものは徹底的にブロック！

登山前にしっかり塗り、登山中も休憩のたびに必ず塗り直す日焼け止め。特に夏場は惜しみなく使うことが大事。目からの紫外線も防ぎたいので、サングラスも必ず。

2

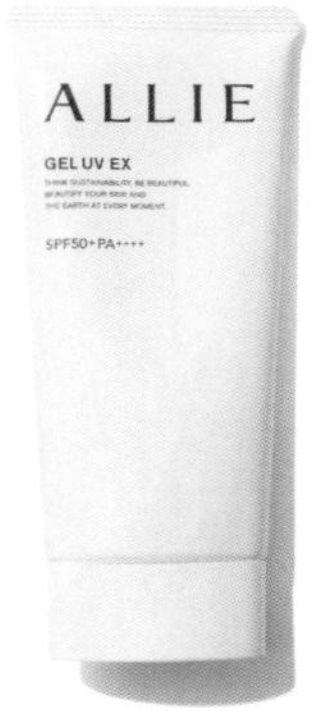

3

①程よい色味が見やすく紫外線からも守ってくれる。メッシーウィークエンド ②首や腕、肌の露出しているところにたっぷりと。アリー／ジェルUV ③気になったときに直接顔にふりかけてOK。紫外線予報メイクを守るUVスプレー

登山後のスペシャルケア

紫外線をたっぷり浴びた肌に栄養を

自宅に帰ったら必ず炭酸パックをします。これを行なうと、びっくりするほど肌が蘇ります。日焼け後は肌の水分が枯渇状態。炭酸ガスで各層の深層部まで届くので、たっぷり水分を補うことができます。さらに吸収力の高いリポソームのビタミンCとの併用で、紫外線に浴びた肌をなかったことに……。

私のお守り的存在。
冷やして使うので
ほてった肌に
気持ちいい

1

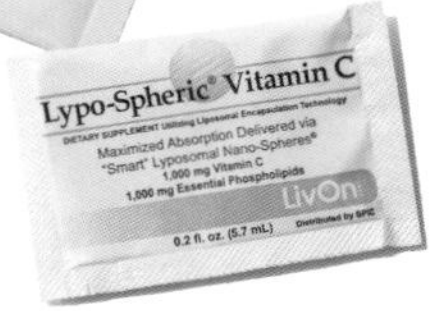

2

①1つ1500円の高級パックですが、効果抜群！　プリマトリーチェ／CO2ジェルパック ②登山前後の3日間は朝晩飲んでビタミンC強化週間に。リポスフェリック

登山の前後に効果的なストレッチ

ふくらはぎに効くストレッチ

登山でつりやすいふくらはぎは、スタート前にしっかり伸ばしておきます。片方の脚を後ろに引きかかとをつけ、重心を前に移してふくらはぎを伸ばします。気持ちのよいところで、呼吸をしながら20秒キープ。反対側も同様に。

強く伸ばしすぎず、
痛気持ちいい
程度に

股関節に効くストレッチ

股関節まわりを伸ばすことで脚の可動域が広がりケガをしにくくなります。脚を前後に開き、後ろの膝が床につく手前まで腰を落とします。脚の付け根が伸びていると感じたら、そのまま10秒キープ。反対側も同様に。

余裕がある人は
重心を前方にかけ、
さらに後方の脚の
付け根を伸ばします

内股に効く ストレッチ

股関節を柔軟にして脚上げを楽に、同時に肩のストレッチもできて一石二鳥！　脚を大きく開き、膝に手を置き、お尻を突き出すように腰を下げます。両手で内股を開きながら肩を内側に入れ10秒キープ。反対側も同様に。

つま先と膝は
外向きに

太もも裏に効く ストレッチ

ないときは
木など体を
支えられるもので

下りのときは特に太もも前側の筋肉を使うので、登山前後にしっかり伸ばしておきます。右手を壁などにつき、左脚の膝を曲げ、左手で足の甲をつかみます。かかとをお尻につけ10秒しっかり伸ばします。反対側も同様に。

お尻と太もも裏に効く ストレッチ

疲労を翌日に残さないためにも登山後は入念に伸ばします。両脚を前後に広げ、後ろ脚を曲げながらお尻を後ろに引きます。両手は膝の上あたりに。太もも裏の伸びを感じながら10秒キープ。反対側も同様に。

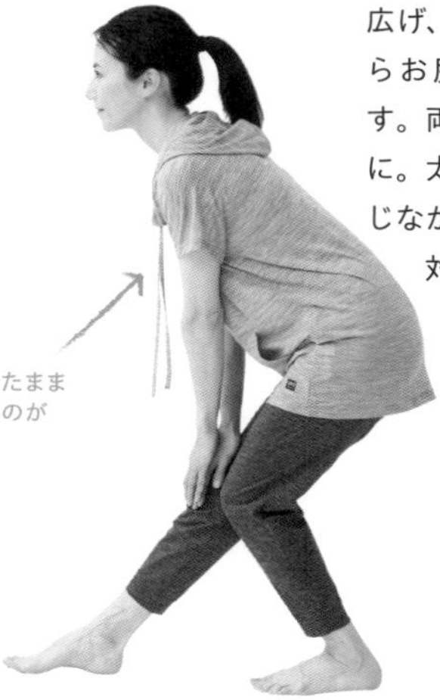
胸を張ったまま
前傾するのが
ポイント

背中を伸ばすストレッチ

そのまま左右に倒れ
脇腹もストレッチ

背中を伸ばすことにより肩こりが軽減されるので、しっかりと伸ばしておきます。脚を肩幅に開き、手のひらが上を向くように手を組みます。姿勢を意識し、一本の軸が通るように10秒間伸ばします。

胸をほぐすストレッチ

登山中は、胸が縮みがちなので、胸を開くためにもこのストレッチは大切。休憩時、バックパックを下ろしたときにもおすすめ。後ろで手を組み、左右の肩甲骨を寄せるようなイメージで左右前後に軽く揺らします。

背筋を
まっすぐ伸ばし
胸を張って

肩甲骨と背骨をほぐすストレッチ

重たいバックパックを背負うと肩がこりやすいので、登山前後にほぐしておくと安心。はじめは頭が混乱しますが慣れてくると肩こりの改善も。両肩を広めに開き、片方は前回し、片方は後ろ回しを10回ほど。逆回しも。

背中と肩を伸ばす ストレッチ

10～20秒、
痛気持ちいい程度
に伸ばす

登山中は、下を向いたり上を見たりして歩くので、首に負荷がかかります。背中を伸ばすようにすると首もスッキリ！　手を胸の前で組み、そのまま遠くに伸ばします。組んだ腕に顔を埋めるようにして首と肩を伸ばす。

自宅での効果的なストレッチ

お尻を伸ばすストレッチ

大臀筋と股関節を伸ばします。両脚を大きく前後に開き、体を前傾させ、両手を前側の足の前につきます。後ろ脚は膝を床につけます。傾けるほど伸びているのを実感。でも決して無理せずに。

Pattern
—1—

Pattern
—2—

姿勢がつらい人は
お尻を浮かせてもOK

いちばん好きなストレッチ。お尻から太ももの側面に効いているのを感じます。両手で上体を支え、左脚のすね部分を右脚の太ももの上にのせます。胸を張ったまま、曲げた脚に胸を近づけるように10秒間伸ばします。

もも裏に効くストレッチ

もも裏を心地よく伸ばすストレッチ。片脚を曲げ、もう一方は伸ばして座ります（このとき膝は曲がっていてもOK）。肩はだらんと力を抜いて。その重みで伸びているのを感じるくらいがベスト。

▼

とにかく心地よく、
無理しない程度に

お尻を伸ばすストレッチ

お尻の筋肉を伸ばすことで腰の不調が改善。デスクワークの人にもおすすめです。あお向けになり左脚を曲げ、右脚の膝を抱え込むようにしてつかみます。呼吸をしながら10秒間胸に寄せるように伸ばします。

腰の筋肉を伸ばすストレッチ

ゆったりと
呼吸しながら
リラックスして

寝る前に行なうストレッチ。これをするとよく眠れる気がします。あお向けに寝て、曲げた右脚を左側に倒します。右肩はなるべく浮いてこないように。反対側も同様に時間をかけてゆっくりと。

フォームローラーを使用したストレッチ

Pattern 1

お尻の筋肉をほぐすことで骨盤の位置を正し、腰に負担をかけにくい姿勢になります。お尻の痛いところにフォームローラーを当てたら、前後にローリングします。次に左右に動かします。

呼吸は止めないように

Pattern 2

太もも前側の固まってしまった筋肉をほぐすことによって脚上げが楽になります。痛気持ちいいところにフォームローラーを当てて、4回、前後に動かします。そのままの位置で膝の曲げ伸ばしをします。

山下舞弓×新田あい

山好きモデル対談

モデルとしても山仲間としても気が合う新田あいちゃんは、私の相談役でもあります。山のことやウェア、美容についてたっぷりお話しました！

モデル歴

山下（以下、山） 高校２年生のときに名古屋でスカウトされてからずっと続けています。モデル歴23年か……あいちゃんは？

新田（以下、新） 私も高校２年生から、母のすすめで。名古屋で活動していたけど、20代後半で東京に出てきて、17年になるかな。

登山歴

新 東京に出てきてから、モデルで山好きの加藤由佳さんに誘われたのがきっかけ。

山 私は２０１２年の８月から。それぞれ10年くらい経つよね。

山の楽しみ

山 あいちゃんたちと山に行ったときに「あ、こんなゆるふわの楽しみ方があるんだ」って知ったの。それまではピークハントや縦走、トレイルランニングとか、けっこうストイックな登山をやっていて、でもそればかりだとしんどくて、１カ月行かなくていいかなって思ったりするときがあったんだよね。だから、あいちゃんたちの山登りが衝撃的だったんだ。

新 初日は山小屋に行くだけで、一緒にいた友達が誕生日だったから、ホールケーキ担いで登って、山ごはん作ってね。ただ舞弓氏はアスリート気質で物足りなくて、一人で東天

Column
2

Mayumi Yamashita
×
Ai Nitta

狗岳まで登りに行ってたよね。

山　そうそう楽しかった〜。あれからメリハリつけようと思って、ストイックに追い込む山もあれば、ゆるゆると一人でふらっと行く山もあって、自分に負荷をかけないようになったら山選びが楽になったの。有名な山に行かなきゃいけないとか、高い山に行かなきゃいけないとか、自分の中で追い込んでいたところがあったのかな。だけど、里山めっちゃいい！　北八ツ楽しい！　とか、あいちゃんと会ってから山がより楽しくなったんだ。ウエアのことも教えてもらったよね。

山の服

新　それから買い物欲爆発して、いまやどれだけ服持ってるの？

山　YouTubeやっていると、毎回同じ服ってよくないじゃん？　って言い聞かせて買っちゃう(笑)。でもね、いろいろ服を選べるようになって楽しくなったの。引き出し開けて「今日なに着よう?」って。あいちゃんはどうやって服を選んでる？

新　私は寝ながら頭の中で思い浮かべて決めるね。最近は本当に着たいものだけ、着心地のよさとかで選んでいるから、たくさんは持っていないよ。あと、におい問題って気になるでしょう？　メリノウールはいくら汗かいてもにおわないから欠かせない。

日焼け対策

山　モデルとしては、特にケガと日焼けに注意するよね。

新　二大テーマだね。首の後ろとか。普段見えないところにとんでもない日焼けをしたりして。

山　一緒に行ったとき、怖い状況になったね。

新　みんなでパックして(笑)。「モデルって大変だね」とか言われるけど、そうでもないよね？　山小屋に着いてメイク落として、パックしてる間に体拭いて、最後にパック取っておしまい。

山　「朝、水が使えないとき、パックすれば顔を洗う代わりになる」ってそれはあいちゃんに教えてもらったよね。山行後は炭酸パックで徹底的に保湿するっていうのも。

新　そう、炭酸パックがいいんだよね。むくみ対策はする？

山　してない。でも、足が靴に入りにくいか

新田あい

にったあい／モデル、ブランドディレクター。10代のころからモデルとして活動。山登りを始めてからはあれよあれよとハマっていき、夏は北アルプスの山小屋で働いたことも。自身が手がけるブランド「Okara / ai nitta」のアイテムは山にも街にも馴染むと人気。

らむくんでいるのか。

新　私は山でめっちゃなるのね。だからカッサ（プレート状のマッサージ用具）を持っていくよ。

山　あれ、いいなと思った。

新　パックって美容液たくさん入ってるじゃん。それをフェイスラインから首にかけてカッサでマッサージしちゃう。

ひとりの山

新　基本、あまりがんばらないんだよね。でも、たまにがんばるのもいいなって。自信にもつながるし、がんばったなって自分を褒めてあげられる！

山　そういうところ似てるんだよね。私も年1回はハードな縦走しよう、みたいな気持ちがあるから。友達と行くのもいいけど、そんなときは一人で行きたくなる。

新　楽しいとは違うけど、一人で歩くのが気持ちいいというか。

山　そうなの。友達と行くのも楽しいし、いいんだけど。一人で行くと気づくこと、目を向けるところが増えるよね。

新　誰にも気を使わなくていいしね。

山登りのすすめ

山　おしゃれな山の服は、山登りを始めるハードルを下げていると思う。Okara ai nittaとかね。私たちが好んで着る服は山だけじゃなくて仕事や遊びにも使えるし。機能的だから雨用にも使えるし。服から入って、山に行って、山のよさを感じてほしいよね。

新　うん、感じてほしいね。

山　ポジティブになれるし、日常では味わえない達成感もある。年齢的に悩みが多い時期でもあるけど、山を始めたことで、考え方がおおらかになったように思う。

新　歩きやすいスニーカーとリュックサックさえあれば里山に行けるしね。現状を変えたいなとか、悩んでたりするんだったら、山に行ってみるのもいいと思う！

都留アルプスにて。
満開のミツマタとおしゃべりの止まらない2人

Column
2

Mayumi Yamashita
×
Ai Nitta

Chapter

5

コースガイド

出会いと安全を両立
登る山を選ぶためのアイデア

有名な山だけじゃなく、低山も魅力的

人気の山はもちろん好きですが、あまり知られていない山もできるだけ調べるようにしています。実は地元・長野の低山は、往復3時間ほどで手軽に登ることができて、山頂はアルプスが見渡せる展望スポットになっている山が多いのです。いい山に出会えると、宝物を発見したみたいでうれしくなります。

ルートタイムは自分の体力+αで計算する

なるべく8時間以内で下りてこられるように計画します。それ以上だと体力的にも心配ですし、万が一のリスクも考慮しています。無理のない行動時間とルートを決め（「ヤマタイム」などを活用）、心地よく山登りができるのが一番ですね。ちなみに、撮影しながらだと普段の1・2～1・5倍は時間がかかります。

無理なく
安全に楽しく登れる
コース設定で

山の情報には常にアンテナを立てておく

迷ったときにすぐ登りたい山の候補が出てくるよう、普段から行ってみたい山をリスト化しています。インスタグラムやツイッターなどでよさそうな山を見つけたら、忘れないうちにブックマークしたり、フォロワーさんにおすすめを聞いたりして情報を集めています。みなさん、よく知っているので頼りになるんです！

5つのサイトで天気予報を徹底的にチェック

どの山に行こうか、天気予報から判断することもあります。雲の動きの推移がわかる「SCW」や雲の量や高さなどがわかる「GPV」、ほかにも「登山天気」「ウインディー」「ウェザーニュース」と5つのサイトを駆使して複合的に判断しています。天気や気温以外にも、風が強そうだから防寒着を1枚足すなど、ウエア選びの参考にもなります。

直前まで
天気予報とにらめっこ。
1日何回も見ています

出発前の幅広いリサーチでイメージを膨らませる

登る山を決めたら、出発まで徹底的に調べます。地方自治体や山小屋からの情報で最新情報を必ず入手し、登山アプリの山行記録の新しいもので今の登山道の状況を調べます。雑誌のワンポイントアドバイスやSNS、YouTubeでどのあたりが見どころかもチェック。ただ、新鮮さも大事なので下調べはほどほどに。

下山後のご褒美も大切

その土地のおいしいものを食べたいので、登る山を決めたら併せて麓の情報もチェックするようにしています。せっかくいつもと違う場所に行くのだから、旅している気分で下山後も楽しみたいのです。道の駅にも立ち寄るようにして、新鮮な野菜をお土産に買ったりします。

おいしいものを
見つけると
うれしい！

凡例

初級者向け
歩行時間が短くのんびり歩ける。ファミリーハイクにも最適。

中級者向け
歩行時間がやや長く、多少の悪路はあるが危険度は低い。

上級者向け
歩行時間が長く、ハシゴ、鎖場、岩場などの難所がある。

私は低山から「次はあの山へ登ろう」
「あの山に登ったんだ」と眺めるのが好きです。
標高1600m未満に絞って5つ選びました。

初級者向け

北アルプスの大展望！

鷹狩山

ワンポイントアドバイス	山頂の奥に「目」というアート作品があるのですが、そこからの眺望が素晴らしい！　春になると、北アルプスと桜を一緒に楽しめます。
下山後の楽しみ	スコーンのお店「forest」は、焼きたてで外はカリッと中はしっとりで美味

歩行時間	約2時間30分		
山域	北アルプス		
標高	1164m	おすすめ時期	春
推奨ルート	大町公園⇒鷹狩山⇒大町公園		

この山の魅力は、なんといっても山頂の展望台から望む360度の大パノラマ！　4月には雪をかぶった北アルプスと大町市の街並み、さらに桜もセットで眺めることができます。大町山岳博物館の脇にある登山口から山頂まで約1時間半。きれいに整備された登山道は、道幅が広くて歩きやすいです。途中、細めの道をつづら折りに登るところで少し息が切れますが、そこまでくればあと少し。

山頂に着いて振り返ると、「おぉ！」と歓声をあげてしまうほど北アルプスの迫力が素晴らしいです。一日景色を眺めながらボーッとしたい場所。実は山頂まで車でもアクセスできます。下山後は大町市のカフェやベーカリー巡りがおすすめです。おいしくて魅力的な店がたくさんあるので、ぜひ山登りとセットで楽しんで。

初級者向け

伊那谷の眺めが美しい

陣馬形山

歩行時間	約5時間10分
山域	伊那
標高	1445m　おすすめ時期　冬
推奨ルート	美里バス停（駐車場）⇒陣馬形山登山口⇒丸尾のブナ⇒電波塔⇒陣馬形山⇒美里バス停

ワンポイントアドバイス	バス停から登山口まで約30分、舗装路を歩きます。山頂近くまでは樹林帯が続き眺めはありませんが、山頂からの景色が素晴らしいので頑張れます。
下山後の楽しみ	私の好きな「米澤酒造」が近くにあるので、日本酒好きな方はぜひ。

天空のキャンプ場としても有名な山頂からは、中央アルプスの端から端まで一望できる大展望が広がります。私が好きな季節は冬。林道が閉鎖されているので、静かな森を歩くことができます。以前訪れたときは私以外誰も歩いておらず、森の中には動物の足跡のみ。不思議と寂しさはなく、足跡を見てほっこりしました。夏は麓から歩き、山頂のキャンプ場でテント泊の予行演習をするのにもいい。夕焼けと夜景が美しいので、テントを張ってのんびりしたい。

←山頂から伊那谷の夜景が一望できます

初級者向け

日本百名山の33座が一望

守屋山

歩行時間	約4時間10分
山域	諏訪・伊那
標高	1561m　おすすめ時期　春
推奨ルート	守屋山登山口バス停⇒立石コース登山口⇒守屋山東峰⇒守屋山西峰⇒守屋山登山口バス停

ワンポイントアドバイス	ルートは3つありますが、いろいろな巨岩巡りを楽しめる立石コースがおすすめ。駐車場から登山口までは、交通量の多い道を歩くので気をつけて。
下山後の楽しみ	辛味大根の絞り汁でいただく伊那市高遠町の名物「高遠蕎麦」は必食！

長野県のちょうど真ん中あたりに位置するので、天気がいいと山頂からぐるっと360度、北・南・中央アルプスと八ヶ岳の大パノラマを見ることができます。往復4時間と、ちょうどよい歩き応えです。山頂直下には「胸突八丁」という急坂があって心が折れかけますが、東峰に着くと八ヶ岳と南アルプスの展望が素晴らしいです。もうひとつのピーク、西峰（こっちが本来の山頂）まではなだらかな尾根沿いを歩きます。「ラビットハウス」という地元の方が管理されている小屋を過ぎると山頂です。ここでは諏訪湖を眺めながら、山ごはんをよく食べています。

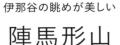

自家製バンズで
こだわりが詰まった
ハンバーガーは必食

初級者
向け

南アルプスを眺めるならばここ

傘山

歩行時間	約3時間
山域	中央アルプス
標高	1542m　　おすすめ時期　春
推奨ルート	町民の森登山口（駐車場）⇒第1展望広場⇒第2展望台(1387m)⇒第3展望台⇒傘山⇒町民の森登山口

ワンポイントアドバイス	最初の林道歩きの1時間は足慣らし。第一展望広場から一気に標高を上げます。登山道は地元の方の手入れが行き届いていて安心して登れます。
下山後の楽しみ	お土産は「信州里の菓工房」へ。栗あんぱんは必ず購入します。

山頂からは南アルプスと伊那谷の大パノラマが広がり、中央アルプスの南側（南駒ヶ岳・仙丈嶺）も間近で眺められます。山頂でのんびりするのも良いのですが、私のおすすめは麓の千人塚公園。キャンプ場や宿泊施設があるので、千人塚公園を拠点にして山に登って、下山後はSUPやテントサウナを楽しんだりすることもあります。ランチにはぜひ千人塚バーガーをどうぞ。地元の野菜をふんだんに使ったボリュームたっぷりのハンバーガーで、食べ応えがありますよ。

天気の良い日なら
八ヶ岳も望めます

中級者
向け

大パノラマとスリルが共存

京ヶ倉

歩行時間	約2時間40分
山域	北アルプス
標高	990m　　おすすめ時期　春
推奨ルート	京ヶ倉登山口⇒おおこば見晴らし台⇒京ヶ倉⇒京ヶ倉登山口

ワンポイントアドバイス	山頂直下は左右切り立った馬の背や、ロープを使わないと登れないほどの岩場が。慎重に歩かないといけない場所がいくつかあります。
下山後の楽しみ	道の駅「いくさかの郷」でお土産を購入。灰焼きお焼きが有名です。

990mと標高は高くなく、登山口からも1時半ほどで登れますが、稜線に出ると絶景とスリルが待ち受けています。左右の切り立った馬の背や、ロープを使わないと登れないほどの岩場があったりで、低山と侮るなかれなアドベンチャーが満載です。初めて馬の背を歩いたときは怖かったのですが、そこから見える景色が美しく、一瞬怖さを忘れるほど。北アルプスの大パノラマと麓を流れる犀川がつくりだす風景が、本当に素晴らしい山です。

強風時は特に注意が必要！
よそ見は厳禁ですよ！

今まで登った50弱の百名山のなかから
形が美しく、思い入れのある
百名山を4つご紹介します。

初級者向け

たおやかな稜線が美しい

仙丈ヶ岳

ワンポイントアドバイス	山小屋に一泊することで、体力に自信のない方でものんびり歩けます。歩き始めを遅らせると、仙流荘からのバスの混雑も回避できます。
下山後の楽しみ	高遠町の温泉はぬるっとした泉質。湯上がりはつるつるすべすべに!

歩行時間	約7時間15分(1泊2日)
山域	南アルプス
標高	3033m
おすすめ時期	秋
推奨ルート	北沢峠⇒藪沢新道⇒馬の背ヒュッテ⇒仙丈小屋(泊)⇒仙丈ヶ岳⇒小仙丈ヶ岳⇒北沢峠

私の好きな山ベスト5に入る山。麓からいつも眺めているから、愛着もあるのでしょうか。いちばん好きなところは、包み込んでくれるようなたおやかな山容です。とにかく小仙丈からの稜線歩きが気持ちよくて、ずっと歩いていたくなるほど。富士山を眺めながら歩けるのもいいところです。振り返ると、凛々しい甲斐駒ヶ岳の姿も！　何度も日帰りで登っていますが、仙丈小屋に宿泊して稜線から朝日を眺めたときに、「山で過ごす醍醐味はここにある」と感じました。深く青い空と黒い山容が徐々にオレンジ色に染まり、太陽が顔を出すと空が明るいブルーのグラデーションに。そして、一気に景色が色づいていきます。「あぁ、これが私の好きな瞬間だ」と。日帰りでも登れなくはないけど、ゆっくり山で過ごすことの大切さを教えてもらった山でもあります。

山頂から少し
下ると仙丈ヶ岳の
ビュースポット!

上級者
向け

凛々しい姿がかっこいい

甲斐駒ヶ岳

歩行時間	約7時間30分
山域	南アルプス
標高	2967m　おすすめ時期　夏
推奨ルート	北沢峠⇒双児山⇒駒津峰⇒甲斐駒ヶ岳⇒駒津峰⇒仙水峠⇒北沢峠

ワンポイントアドバイス	途中に小屋やトイレがないので水分調整が大事。標高差があるのでハードなルートですが、双児山経由で行くと比較的登りが緩やかです。
下山後の楽しみ	道の駅「南アルプスむら」のクロワッサンは、甘めのシロップが絶妙!

このルートの中で一番好きな場所は駒津峰。ここから眺める甲斐駒ヶ岳の姿がかっこいいんです。南アルプスの山々、富士山も一望できるので、しばし休憩します。ここから先はゴツゴツした花崗岩の登山道なので、砂礫の道が少し歩きづらいですが、天空のビーチを歩いているみたいで楽しいです。日帰りで登るにはがんばらないといけませんが、のんびり歩きたい場合は、北沢峠にあるこもれび山荘か長衛小屋に宿泊して、朝イチで山頂を目指すといいでしょう。

← 予約必須のクロワッサン。何個でも食べられる!

中級者
向け

色とりどりの世界が広がる

火打山

歩行時間	約9時間10分（1泊2日）
山域	妙高
標高	2462m　おすすめ時期　秋
推奨ルート	笹ヶ峰登山口⇒富士見平⇒高谷池ヒュッテ（泊）⇒火打山⇒笹ヶ峰登山口

ワンポイントアドバイス	前半にある十二曲がりという階段続きの急登が少しキツイですが、そこ以外は全体的に緩やかなので歩きやすい。距離表示の標識があるのも安心。
下山後の楽しみ	登山口から車で45分と少し離れますが、100%源泉かけ流しの「燕温泉」へ。

紅葉の時期に訪れたのですが、池塘に映る火打山の姿が美しくてずっと眺めていたくなりました。登山口を出発してしばらくは、ブナ林の中の木道歩きが続き、気持ちよく歩けます。途中、十二曲がりという階段地獄があるものの、そこを越えればあと少し。高谷池散策は本当に気持ちがいいので、しばし休憩しましょう。堪能したら火打山へ向かって最後の登り。山頂までは急勾配ですが、眼下の高谷池周辺が箱庭のようで、歩いてきた道がかわいらしく思えます。

→ 高谷池から見る逆さ火打。無風のときを狙って!

上級者
向け

やさしさと険しさを併せ持つ

赤岳

ワンポイントアドバイス	横岳あたりから赤岳にかけては岩場が多くハシゴや鎖場があり、気を引き締めて慎重に。天気次第では無理に進まず引き返すことも大切です。
下山後の楽しみ	八ヶ岳帰りは長野のご当地スーパー「ツルヤ」によく立ち寄ります。

歩行時間	約10時間40分（1泊2日）
山域	八ヶ岳
標高	2899m　おすすめ時期　夏、秋
推奨ルート	美濃戸口⇒赤岳鉱泉⇒硫黄岳⇒硫黄岳山荘（泊）⇒横岳⇒赤岳〜行者小屋⇒美濃戸口

私が初めて登った山。そのときは無我夢中で登っていたけど、今はだいぶ落ち着いて登れるようになった気がします。横岳の鎖場や赤岳直下の急登は「よしっ」と気合が必要ですが、山頂から今まで歩いてきた稜線を眺めるのがいちばん好きな瞬間です。決して簡単に登れる山ではないけれど、登るたびに新しい発見や成長を感じる山でもあります。山頂や稜線はゴツゴツしているのに、樹林帯に入ると穏やかな苔の森になる、この2つの表情を一度の山行で味わえるのも、私が赤岳を好きな理由です。

初めて登頂したときの写真。初々しい（笑）

山登りに慣れ始めた友人と登るなら、
ロープウェイやバスなどで、標高が稼げる山へ。
絶景と達成感が味わえる
おすすめな3つの山です。

楽々絶景 ―― ロープウェイやバスを使っていく絶景高山 ――

伊那前岳からの
千畳敷の眺めが
いちばん好き

夏は高山植物の
お花畑が楽しめる

初級者向け

あっという間に雲上の世界へ

木曽駒ヶ岳

ワンポイントアドバイス	体力と時間に余裕がある方は、乗越浄土から伊那前岳をめざしてみましょう。稜線からは千畳敷カールがよく見渡せて、静かな天空散歩が楽しめます。
下山後の楽しみ	リニューアルしたホテル千畳敷カフェのオムライスがお気に入りです！

歩行時間	約3時間35分
山域	中央アルプス
標高	2956m
おすすめ時期	秋
推奨ルート	千畳敷駅⇒乗越浄土⇒中岳⇒木曽駒ヶ岳⇒伊那前岳⇒乗越浄土⇒千畳敷駅

標高２６１２ｍのロープウェイ駅から出た瞬間、目の前に広がる千畳敷カールの景色は圧巻です！年に何度も訪れているので、この場に立つと「ただいま」という気持ちになります。千畳敷を散策したり、ホテルのカフェで過ごすだけでも充分楽しめるので、登山をされない観光だけの方も多くいらっしゃいます。私は登山装備を整えていざ中央アルプス最高峰の木曽駒ヶ岳へ。八丁坂という厳しい登りは、何度登っても「キツイな～」と思いますが、そこを越えると美しい稜線歩きが楽しめます。私のお気に入りスポットは山頂から少し東に下りたところ。平らな岩があり、そこで山ごはんを作ったり、南アルプスを眺めたり……。時間が許すかぎり、ずっといたいなと思える場所です。ここに最初に訪れたのが秋だったこともあり、紅葉の時期に毎年訪れたくなります。

初級者向け

2時間で登れる3000m峰

乗鞍岳

ワンポイントアドバイス	肩ノ小屋から山頂にかけてはゴロゴロとした岩場で、不安定な場所もあるので注意が必要です。権現池の透き通る青さに癒されながら山頂を目指します。
下山後の楽しみ	畳平のお花畑はたくさんの高山植物が咲き、バスの待ち時間も楽めます。

歩行時間	約3時間
山域	北アルプス
標高	3026m　おすすめ時期　夏
推奨ルート	畳平⇒県境ゲートバス停⇒富士見岳分岐⇒肩ノ小屋⇒乗鞍岳⇒富士見岳分岐⇒お花畑⇒畳平

バスに揺られて約60分で標高2702mの畳平へ。そこから標高差300m、約2時間で最高峰の剣ヶ峰に登れるということで、山登りを始めたばかりの方や学校登山にも人気の山です。シーズン中はかなり賑わう山なので、畳平の宿に宿泊して、翌朝、混雑する前に山頂を目指すのがおすすめ。泊まるならご来光は必見です。私が泊まった日は大雨だったのですが、翌朝になると辺り一面に雲海が広がり、雲に浮かぶ島にいるようでした。この景色が見られて大興奮したのを覚えています。

魔王岳から見た雲海。北アルプスがより近くに見える

中級者向け

雄大な山容が美しい

立山

ワンポイントアドバイス	一ノ越から雄山山頂まではガレ場で歩きづらく、急登です。特に下山時は滑りやすいので注意！　登りは赤色、下りは黄色のマークを追って歩きます。
下山後の楽しみ	みくりが池に映る立山三山が美しいので、時間があれば必ず立ち寄ります。

歩行時間	約4時間45分
山域	北アルプス
標高	3015m　おすすめ時期　夏
推奨ルート	室堂⇒一ノ越⇒雄山⇒一ノ越⇒浄土山⇒室堂

長野県側からはケーブルカーやロープウェイを乗り継いでたどり着く室堂駅(標高は2450m)。そこから見上げる立山連峰は壁のようで、「ここを登るの？」と少し不安になりますが、室堂平のお花畑を眺めながら歩くので、分岐の一ノ越まではあっという間。そこからはガレの続く登山道になるため、注意が必要です。山頂には神社があり、神主さんにご祈祷をしてもらえます。時間と体力に余裕があるなら、浄土山方面に足を延ばしてみましょう。浄土山側から見る雄山の姿に見惚れてしまいます。

シーズン中は神主さんが常駐。登拝料は500円

たまにはピークをめざさずのんびり歩く。
ゆるく歩きたい気分のときにおすすめな高低差が少ない山を
3つセレクトしました。

初級者向け

四季折々に楽しめる高原

美ヶ原

ワンポイントアドバイス	王ヶ鼻からは北アルプスと松本市の展望が素晴らしいです。アルプス展望コースは美ヶ原の南側を通るコースで、変化があって楽しく歩けます。
下山後の楽しみ	王ヶ頭ホテルのカフェでランチしながらのんびり過ごすのも◎。

歩行時間	約3時間10分
山域	美ヶ原
標高	2034m　おすすめ時期　通年
推奨ルート	山本小屋ふる里館⇒塩くれ場⇒王ヶ頭⇒王ヶ鼻⇒烏帽子岩⇒塩くれ場⇒山本小屋ふる里館

友人とわいわいしながら歩くのにちょうどいい

何度訪れても、美ヶ原の壮大な景色は飽きることがありません。高低差はそれほどないので、のんびり散策するのに気持ちのいい場所です。初夏から秋にかけては牛が放牧されていて、その様子を眺めるのも楽しいです。冬はかなり寒いのですが、辺り一面広大な雪原となり、とても幻想的です。私はここで初めてスノーシューハイクを体験しました。風が強くて立っているのもやっとなほどでしたが、シュカブラ（雪紋）がキレイだったのが忘れられません。日帰りで気軽に歩ける場所ですが、宿泊するのもおすすめ。「王ヶ頭ホテル」は料理はもちろんのこと、ホスピタリティが素晴らしく、母の還暦祝いで訪れたときは家族で心地よい時間を過ごすことができました。春から秋にかけて２００種類もの高山植物が咲くそうです。花の最盛期にも訪れてみたいなと思います。

初級者向け

はじめての登山ならここ

富士見台高原

ワンポイントアドバイス	駐車場が混雑する週末はシャトルバスの利用がおすすめ。「ヘブンスそのはら展望台」から出発して、「萬岳荘」で下車。約20分で行くことができます。
下山後の楽しみ	昼神温泉の泉質は高アルカリ性なので、お肌がツルツルに。まさに美肌の湯！

「山登りをやってみたい！」と頼まれたら、連れて行きたいのがこの山。登山口からすぐに笹原の丘がずっと広がり、まるで大草原のようです。少し歩くだけで眺望が広がるので、初めて登る人はまずここで「すごい！」と感動してくれます。そしてあっという間に着く山頂からは南アルプス、中央アルプスなど、360度の大展望が満喫できます。歩き足りない方は、隣の横川山まで縦走することも可能。多少のアップダウンはあるけれど、樹林帯や背丈ほどの笹の中の登山道を歩いたりと、飽きずに楽しめます。

歩行時間	約4時間30分		
山域	中央アルプス		
標高	1739m	おすすめ時期	秋
推奨ルート	神坂峠⇒萬岳荘⇒富士見台⇒横川山⇒神坂峠		

はじめて登った友人も大満足！

初級者向け

気の向くままに草原散歩

霧ヶ峰

ワンポイントアドバイス	高低差が少ないので、体力に自信がない方や山を始めたばかりの方でも楽しめます。その日の気分によってコースをいろいろとアレンジできます。
下山後の楽しみ	「ころぼっくるヒュッテ」のボルシチとサイフォンコーヒーをセットで。

歩行時間	約4時間		
山域	霧ヶ峰		
標高	1925m（車山）	おすすめ時期	秋
推奨ルート	矢島湿原ゼブラ山⇒北の耳⇒南の耳⇒ころぼっくるヒュッテ⇒車山⇒白樺湖		

いろいろなコースどりができるので、ここに初めて来たときは、どこを歩いていいものか悩みました。でも自分の気分次第で縦走してもいいし、1座だけ登って引き返してもいい。どう歩くかの自由度の高さも、霧ヶ峰の魅力です。私のお気に入りは、車山から白樺湖に下っていくコース。秋に訪れたときは、自分の背丈ほどのススキの道が黄金色に輝いててとても美しかったです。とにかく広い場所なので、天気のいい日は気の向くままに歩いて、のんびりお散歩を楽しんじゃいましょう。

天気のよい日は
開放感が心地いい
テラス席で

おいしい食事と
珍しい
クラフトビールで
会話も弾む

揚げたてが最高!
私の推しは、
きなことチーズです

初級者向け

星空と食事を楽しむ

高見石小屋

ワンポイントアドバイス	小屋周辺で貴重な光苔が見られるので探すのも楽しいです。揚げパンの販売時間は10～14時ごろ。休日は売り切れる場合もあるのでお早めに。
下山後の楽しみ	原村にある「ストーブハウス」はクラフトビールの宝庫! ビール好きの方はぜひ。

歩行時間	約3時間30分（1泊2日）
山域	八ヶ岳
標高	2300m　おすすめ時期　通年
推奨ルート	白駒池入口⇒白駒池分岐⇒高見石小屋（泊）⇒中山展望台⇒高見石小屋⇒白駒荘⇒白駒入口

おいしい料理や、素敵な雰囲気など、
好きな山小屋はたくさんありますが、
なかでも特徴のある山小屋4軒です。

季節を変えて何度も訪れているほど、大好きな山小屋。揚げパンが有名なので、日帰りで食べに行く方も多いと思いますが、ここの本当の魅力は夜にこそ感じられると思っています。本棚にはたくさんの蔵書が並んでおり、天井から吊り下げられたレトロなランプの下、気になる本を手に暖炉の前で過ごすのが私の定番。そして、楽しみなのが夕食。地元の野菜を使った豪華な料理の数々とビールの組み合わせが最高においしいです。夕食後、晴れていたらオーナーによる星空観察会が開かれ、天体望遠鏡で月や惑星を観察したり、星座にまつわる神話を聞かせてくれます。泊まるたびに、また行きたくなる山小屋なんです。そんなに大きくはないけれど、ちょうどいい規模感も魅力のひとつ。オーナーの気遣いと小屋の雰囲気が、いつ訪れてもほっとさせてくれる場所です。

上級者
向け

頑張って歩いたご褒美がたくさん

大天荘

ワンポイントアドバイス	1日で標高差約1800m登るので飛ばしすぎないようにマイペースで。燕山荘で水分補給とトイレ休憩をしっかり取りましょう。合戦小屋のスイカも！
下山後の楽しみ	安曇野市は蕎麦店がたくさん。お昼の時間に合わせて下山するのも◎

歩行時間	約18時間（2泊3日）
山域	北アルプス
標高	2870m
おすすめ時期	夏
推奨ルート	中房温泉⇒合戦小屋⇒燕山荘⇒切通岩⇒大天荘（泊）⇒常念岳⇒蝶ヶ岳ヒュッテ（泊）⇒三股

ここまでの道のりはとにかくハード。１日で小屋まで歩くのは体力勝負ですが、遠くに見えていた槍ヶ岳がどんどん近づいてくるので元気をもらえます。最後の登りは、「あと◯00m」と書いてあるのに、これまでの疲労がたまってなかなか一歩が踏み出せない……。でも小屋に着くと快適な部屋においしい食事、目の前には槍ヶ岳が眺められる最高のロケーションで疲れも吹き飛びます。夕食後は食堂がランプの灯る喫茶＆BARになり、ケーキセットや自家製ホットワインなどのお酒も楽しめます。

朝ごはんのキッシュにテンションが上がります

初級者
向け

贅沢な山奥のリゾート

徳澤園

濃厚な
ミルキーさが
疲れを癒やす

歩行時間	約4時間20分（1泊2日）		
山域	北アルプス		
標高	1562m	おすすめ時期	夏
推奨ルート	上高地⇒河童橋⇒徳澤園（泊）⇒上高地		

ワンポイントアドバイス	上高地からは平坦な道を約2時間。きちんと整備されているので歩き慣れた靴でOK！　朝晩は冷え込むため防寒着は必須です。
下山後の楽しみ	時間があったら必ず立ち寄る明神池。奥の二の池の雰囲気が好きです。

快適で過ごしやすく、ホテルのように居心地がいいので、何泊もしたくなる山小屋です。広々としたボックス客室。一人では充分すぎるほどのスペースです。大浴場もあり、疲れを癒すこともできます。信州牛のステーキやイワナの塩焼きなど、地元の食材を使った夕食はとっても豪華！　私は涸沢カールの紅葉を見に行ったときに前泊地として使いました。朝早く出たため、朝ごはんを食べられなかったのが心残り。いつかまた食べに行きたいです。

相部屋「カラマツ」の入口はハチの巣のよう

中級者
向け

雲上の名物スイーツを食べに

五の池小屋

歩行時間	約9時間（1泊2日）		
山域	北アルプス		
標高	2798m	おすすめ時期	夏
推奨ルート	濁河温泉⇒湯の花峠⇒五の池小屋（泊）⇒継子岳⇒三の池⇒五の池小屋⇒湯の花峠⇒濁河温泉		

ワンポイントアドバイス	小屋から継子岳をぐるっと一周すると、三の池や四の池などの池巡りが楽しめます。濁河温泉からは樹林帯歩き、ジョーズ岩などの奇岩がおもしろい。
下山後の楽しみ	「開田高原アイスクリーム工房」のソフトクリームは疲れが吹き飛ぶおいしさ。

御嶽山は南北に広く、五の池小屋はその北側に位置し、摩利支天を眺めるように立っています。小屋の前にはカウンターのテラス席やリクライニングチェアがあるパラソルテラス、畳が敷いてあるたたみテラスなどがあり、「ここは天空のビーチ？」と思うほど。頂上をめざさなくても、ここで過ごすことを目的に登るのもいいのでは。夕食後に提供される薪ストーブで焼いたピザと、宿泊者だけが注文できる自家製アップルパイは必食。のんびりくつろぐのに最適です。

焼きたてでサクサクのパイ生地がたまらない

いびつな
テントを立てたのも
いい思い出

テント泊は年に数回なので、
決して多い方ではないですが、
思い出深いテント場を 3つご紹介します。

初級者
向け

テント泊デビューに最適！

赤岳鉱泉

ワンポイントアドバイス	予約不要で定員数の制限もありませんが、いい場所に張るには早着が必須。5〜10月は小屋のお風呂に入ることができます。
下山後の楽しみ	美濃戸口の「J&N」でお風呂に入り、パティシエのスイーツでほっと一息。

歩行時間	約3時間30分（1泊2日）
山域	八ヶ岳
標高	2220m　　おすすめ時期　秋
推奨ルート	美濃戸口（北沢コース）⇒堰堤広場⇒赤岳鉱泉（泊）⇒堰堤広場⇒美濃戸口

登山口からテント場までは比較的平坦な道なので、重いテント泊装備を背負って長く歩く自信がない方でも安心。山小屋の売店は、お酒やおつまみの種類が豊富。背負わずに、ここで買うのも選択肢です。食事はあえて赤岳鉱泉の夕食をいただくのがおすすめ（＋2500円）。運がよければ、鉄板にのった熱々のステーキが食べられます！　私はここでテントポールを忘れてしまった経験があり、いろいろな意味で、思い出深い場所。翌朝は必要なものだけを持って軽荷で硫黄岳や赤岳に登ることもできます。

名物のステーキは必食！ やわらかくて味付けも絶妙

中級者向け

天空の縦走路の先に待ち受ける

檜尾岳

歩行時間	約7時間（1泊2日）
山域	中央アルプス
標高	2680m　おすすめ時期　夏
推奨ルート	千畳敷駅⇒極楽平⇒濁沢大峰⇒檜尾岳⇒檜尾小屋（泊）⇒千畳敷駅

ワンポイントアドバイス	片道3時間の稜線歩きは高低差の激しいルートで、テント泊装備を担いで歩くには覚悟がいります。ただその分、到着後の満足度は高い！
下山後の楽しみ	早太郎温泉で汗を流し、ボリューム満点のソースカツ丼をいただくのが定番。

主稜線から少し外れたところに、ポツンと立つかわいらしい山小屋。2022年の建て替えと同時に、よく整地されたテント場も新設されました。小屋から少し離れているので、静かにのんびり過ごせるいい場所です。空木岳が朝日に染まる様子が美しくて、目頭が熱くなったのを覚えています。だって、ここまでアップダウンがかなりあって、ハードな道のりだったんですもの。でも、来てよかったと心底思えたテント場です。

振り返ると「ここを歩いてきたのか」と思うほどの登山道

中級者向け

アルプスの女王を望む特等席

燕岳

歩行時間	約7時間40分（1泊2日）
山域	北アルプス
標高	2763m　おすすめ時期　秋
推奨ルート	中房温泉⇒合戦小屋⇒燕山荘（泊）⇒燕岳⇒中房温泉

ワンポイントアドバイス	平日でも中房温泉の駐車場は混雑しているので、麓に車を置いて始発の乗合バスで向かうと早い時間から登り始めることができます。
下山後の楽しみ	登山口の中房温泉はトロンとした泉質で気持ちがいい。必ず立ち寄ります。

燕岳は山小屋に定評がありますが、テント場もきれいに整地されていて寝心地がよく、見晴らしも抜群です。合戦尾根を重い荷物を背負って登り、やっと槍穂の姿が現われたときはかなりの達成感を味わえます。テントを張ったら、燕岳の山頂まで空身で行くのもよし。燕山荘の食事やケーキセットを食べながら、のんびり過ごすのもよし。朝は早起きしてぜひご来光を。私が秋に訪れたときは、朝日と紅葉が相まって燕岳が赤く染まり、とても美しい風景を見ることができました。

寝心地のいいテント場。予約制なのでお早めに

YouTube

オトナ女子の山登り Q&A

Q 最初の動画は？

A 長野県阿智村の南沢山です。2019年の年末に、モデルの新田あいちゃんと登った様子を年明けすぐに公開しました。見返すと恥ずかしいですが、今も基本的にあまり変わっていないかもしれません。とにかく楽しそう！　こういうありのままの動画もいいなと初心に帰って思いました。

Q YouTubeを始めたきっかけは？

A 2019年に長野県に移住したとき、友達も少なくて、夫は仕事で帰りが遅く、一人で過ごす時間が長かったためホームシックになっていました。登山は月に１回行く程度でしたが、せっかく山々に囲まれているのだから堪能しなきゃと、動画を撮り始めたのがきっかけです。はじめは自分用の記録という形でしたが、知られていない里山の情報も紹介すれば誰かの役に立つかもと思い、今のスタイルになりました。

Q 思い出に残る失敗談は？

A 赤岳鉱泉でテント泊をしたとき、テントポールを忘れたことですね。今でも登山道ですれ違う人に「ポール持ってきた？」と心配いただくことがあります。この経験のおかげでポールは絶対に忘れなくなりました。テントの設営シーンを撮影している途中に忘れ物に気づいたので、かなりリアルなリアクションをしています。一人だったら山小屋泊にしていたかもしれませんが、みんなで知恵を出し合ってテントを立てたのもいい思い出です。

Q いちばんバズった動画は？

A 2020年10月にアップした北アルプス・燕岳の動画です。紅葉の見頃で天気もよく、いい映像に仕上がりました。海外の方も多く見てくださったのがうれしかったです。夕焼けの撮影をしていたら山ごはんを作る前に暗くなってしまい、暗闇のなかでトマトすき焼きを作ったんです。肉が煮えているのかわからなくて困った記憶があります。

Q YouTubeをやっていて、よかったなと思うことは？

A 見てくださった方からの感想を受け取ることです。「感動しました」とか「癒やされました」「この山に登ってみたくなった」という言葉が心からうれしいです。私が作る動画を待っていてくださる人がいて、山の楽しさに共感してもらえる。さらに、「動画を見て登山を始めました」と言われることもあり、少しでも山の魅力を伝えることができたんだ！と実感できることもうれしいなと思います。

Q 思い出に残るいい出来事は？

A たくさんあって悩みましたが、最近の出来事で……。2022年の梅雨時期に乗鞍岳に登ったのですが、前日畳平で１泊し、翌日の早朝に山頂をめざす行程で行きました。１日目はかなりの豪雨で、明日登山できるの？と心配になるほど。でも朝日を見るために早起きしたら雲海が広がり、雲で覆われていた世界が姿を現わしたときは、撮影するのを忘れて、ただ見惚れていました。山で朝を迎える醍醐味を味わった瞬間でした。

Q 登山系YouTuberとしての目標は？

A 高い目標とかはなくて、これからも山の魅力を発信し続けたいなと思います。私の動画を好きと言ってくださる方々と喜びを共有したいんですよね。私の動画がきっかけで山を楽しむ人が増えたらいいなとも思うんです。「こんな楽しみ方があるんだ」というように、ファッションや山ごはん、小屋泊や下山後の楽しみなど、私が感動したことやうれしかったことを発信して、今度それを使ってみよう、この山知らなかったから登ってみよう、と思ってもらえたら。これからもずっと山の楽しさを伝えていきたいです。

Q 撮影&編集で心がけていることは？

A 山の美しい映像と心地よい音楽を合わせて、ひとつの作品のようにしたいと思っています。私の心が動いた瞬間や感動した景色、美しい動植物などを撮影して、そのときの印象に合わせてセレクトした音楽のリズムや流れに添うように編集しています。撮影は、なるべくいろいろなアングルから撮って、映像が単調にならないように変化をつけています。その分、時間はかかるのですが、山に登らない方にも少しでも山の心地よさが伝わったらと思って作っています。

撮影機材一式

撮影機材は、とにかく軽量で機能性がいいものを使うようにしています。動画を撮りながら登るようになっていろいろと機材を試してきました。でも重いと持っていかなくなったり、軽くても機能性に納得がいかなくて使わなくなったり……実は眠っている機材もたくさんあります。山の道具と一緒で、機材もどれだけ自分との相性がいいかが大事。これまで試行錯誤しながらたどり着いた、私のベストアイテムたちです。

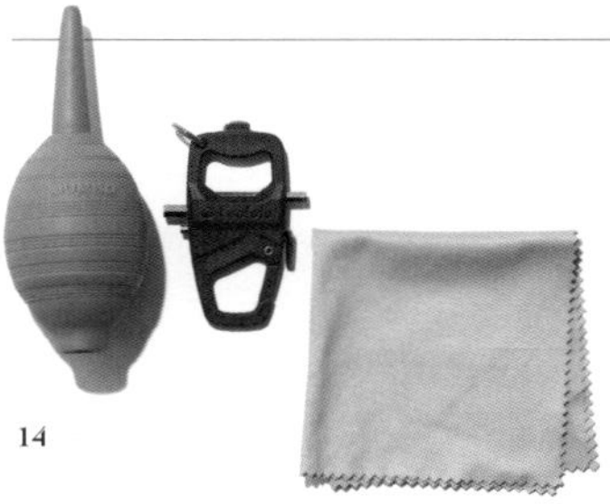

14

1 カメラ　ルミックス／G100　レンズを入れても500gと軽く、手に収まるコンパクトさが魅力の高性能な4/3センサーのカメラ。動画の8割をこのG100で撮影しているほど、欠かせない存在です。2 レンズ　ライカ／DGズミルクス 9mm　広角・セミマクロ・星空も撮れる万能レンズ。登り始めから山頂までこのレンズだけで撮っています。3 レンズ　ルミックス／G VARIO 14-140mm　山頂から眺められる山を撮影するときに使用。最大280mmまでズームが可能で、肉眼では見えない山も映すことができ、山座同定にも便利。4 カメラ　insta360／ONE RS　360度撮れるので、稜線などで使うとおもしろい映像が撮れます。アクセントとして取り入れることも。5 カメラ　DJI／DJIポケット2　歩きながら撮るときはこのカメラ。カメラ本体で揺れを吸収してくれるので、ブレないなめらかな映像を撮ることができます。6 カメラ　アップル／iPhone14Pro　カメラとしてとても優秀。手ブレも気にならず、逆光のときなど自動的に補正してくれるので便利。7 フィルター　ニシ／NDフィルター　明るすぎるときに光の量を調整して自然な明るさにしてくれるフィルター。8 アタッチメント　ピークデザイン／キャプチャーV3　カメラをバックパックのショルダーハーネスに固定するもの。岩場などでカメラが当たる心配がなく、撮りたいときにさっと外せるので使いやすいです。9 マイク　DJI／マイク　特に風が強いときなど、音声をクリアに録るために使用。10 モバイルバッテリー　アンカー／10,000mAh　主にスマホやDJIポケット2の充電用。日帰り登山はこれで充分。11 バッテリー　ルミックス用。4Kで撮影しているため2〜3時間ごとに交換するので、日帰りでは4個、泊まりでは6個を必ず持っていきます。1個ずつ番号をつけていて、使用前後を明確に。12 ドローン　DJI／ミニ3プロ　本体は250gと非常に軽く、風にも強い高性能なドローン。時間に余裕があるときに限られます。13 カメラストラップ　ピークデザイン／リーシュ　長さ調整を手早くでき、カメラ本体への付け外しも簡単！ 14 メンテナンスキット　必ず持っていく必需品。15 三脚　レオフォト／レンジャー LS224C　カーボンの三脚。稜線の風にも強く、素早く組み立てることができるので、とても使いやすい。16 三脚　スマトリー&マンフロット／商品名不明　格安の自撮り棒。iPhoneやDJIポケット用の三脚として使っていて、タイムラプスを撮るときなどに便利。

16　15

山動画の先人に聞く

山を動画で撮るということ

こんなに美しく山を
表現することができるんだ!
私が山の動画を撮り始めたのは、
井上卓郎さんの動画に感動したから。
尊敬する「動画マスター」に、
気になるあれこれを聞きました。

Column 3

Mayumi Yamashita × Takuro Inoue

同じような撮り方になりがちです。なにか面白く撮れるアイデアはありますか?

昔よくやっていたのは、手前に岩や木を入れて、その奥に登る山が現われるカット。おすすめです。あと、人にフォーカスを当て続けるとホームビデオみたいになってしまうので、人は小道具くらいに考えていますね。また、展望もむやみにパンしないで、切り分けて撮影したほうが違和感なく、見ていて疲れない動画になります。いつも、いかに面白く撮れるかを考えながら歩いています。

井上卓郎

いのうえたくろう/映像家。ゴキゲン山映像をテーマに山歩きの映像を作っている。山好きが高じて北アルプスの麓、松本市にアトリエを構え7匹の猫と住んでいる。観光系の自治体や企業、アウトドアメーカーのプロモーション映像や博物館などの企画展示の映像を手がける。ガチ登山よりユルい山歩きが好き。

**私は入山から下山までを
そのままの時間軸で
撮っていきますが、
井上さんはどうですか？**

午後になると雲が出やすかったりするので、朝焼けのときに山頂でクライマックスになる画を撮って、下りながら登りの撮影をしたりもします。

**1本の動画を仕上げるのに、
どれくらいのカット数を
撮っていますか？**

全体像はイメージしますが、全部が決めカットにならないよう、イメージしすぎないようにはしています。１本作るのに必要なカット数がこれくらいで組めるかなという感覚は、経験で培われたもの。撮影の次の作業である動画編集がいちばん高いハードルだと思います。

動画マスターに聞く!

スマホで上手に
山動画を
撮影するコツ

まずは手軽に、
お手持ちのスマホで、
山動画を
撮ってみませんか。

私がマスターです

1

まずは撮影前に必ずレンズを拭く

忘れがちだが、レンズがきれいでないと動画もきれいに撮れない。これがいちばん大事。クリーニングクロスで指紋などをこまめに掃除しよう。設定は基本的に4K、スマホの容量次第ではHDでも。

2

接写と遠景を撮り分ける

花や苔を撮るなら接写(マクロ)、遠景をより広く見せたいときは広角など、スマホでも画角が変えられる。また、しずくや川の流れではスロー撮影を使うなど撮影モードの変更も動画のアクセントに。

3

ひとつの場所でアングルを変えて何パターンも撮る

たとえば歩いているシーンでは、人を中央にした引きの構図と、足元の寄り、後ろ姿など、パターンの異なるカットを撮影しておいて、どこをどう使うかは編集のときに決める。

どこにピントを置くかを意識する

4

オートフォーカスで人にピントを合わせると追従するが、風景自体にフォーカスロックすると遠ざかった人が自然にボケて映像に奥行きが出る。印象を左右するピントの置き場は常に意識しよう。

5

移動は腰で重心を動かしながら

まずは固定でしっかり撮れるようになってからのテクニックだが、パンするときは写真のように水平を保ったままゆっくりジワリと動くと、きれいな浮遊感のある映像になるのでやってみよう。

Column

3

Mayumi Yamashita

×

Takuro Inoue

マスターの愛用撮影道具

スマホの最大の強みは機動力！　機動力を生かしながらもしっかりした動画を撮れるコンパクト機材を紹介。

①三脚　ベンロ/シアンバード 軽量なカーボン製。もっとコンパクトな三脚でもOK。ないよりは100倍よし！②スマホホルダー　三脚にスマホを取り付ける③④モバイルバッテリー＆ケーブル CIO/SMARTCOBY Pro 30W 大容量でコンパクト。iPhoneは約2.5回の充電が可能⑤iPhone14 Pro シネマティックモードを使えば印象的な動画が撮れる⑥ジンバル DJI/OM4 歩きながら安定した動画を撮るには欠かせない

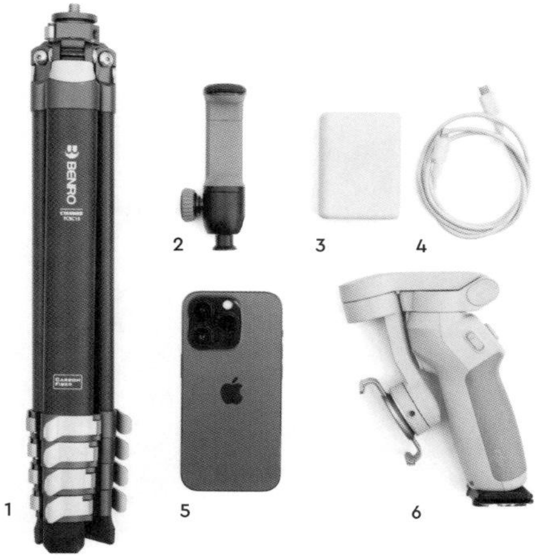

山を登り始めてからたくさんの出逢いがあり、
自分らしい山登りを見つけることができました。
ひとつひとつの出逢いが山の楽しさや厳しさ、
素晴らしさを教えてくれました。

私は数年前まで、山登りはキツいもの、
自分との闘いで、ピークを目指すものだと思っていました。
日焼けもするし、ファッションも楽しめないし……。
でも、いろいろな出逢いから、自分らしいスタイルで
山登りを楽しんでいいんだと思えるようになり、
今では私の生活の一部となっています。

山を歩くと気持ちがスッと楽になる。
苔や草花、木漏れ日、山頂に立てた達成感、
そこで作る美味しい食事。どれも心を満たしてくれます。
もちろん、山は楽しいことばかりではありません。
ときには厳しいこともあります。

でも、それを知り乗り越えることで、
また一歩成長でき、山が好きになる。
自分自身が心地よいなと思える
山登りを見つけることができると思うのです。

この本には私が山登りをするなかで、
学んだことや感じたことのアイデアが詰まっています。
自分らしく山登りを楽しむための
お役に立つことがひとつでもできれば、
これほど嬉しいことはありません。

最後に、この本を手に取ってくださったみなさま、
私の想いを形にしてくださった制作チームのみなさま、
全力でサポートしてくれた家族、
そしていつも応援してくださるみなさまへ、
心から感謝の気持ちを申し上げます。
本当にありがとうございます。

撮影　矢島慎一
小山幸彦
根本絵梨子
花岡 凌
イラスト　信濃川日出雄
編集　川原田喜子
五十嵐雅人
田口沙織
（山と溪谷社）
池田 圭
校正　戸羽一郎
ブックデザイン　尾崎行欧
本多亜実
宗藤朱音
（尾崎行欧デザイン事務所）

わたしの山登りアイデア帳

2023年8月25日　初版第1刷発行

著者　山下舞弓
発行人　川崎深雪
発行所　株式会社山と溪谷社
〒101-0051
東京都千代田区神田神保町1丁目105番地
https://www.yamakei.co.jp/
印刷・製本　大日本印刷株式会社

●乱丁・落丁、及び内容に関するお問合せ先
山と溪谷社自動応答サービス
TEL：03-6744-1900
受付時間／11：00～16：00（土日・祝日を除く）
メールもご利用ください。
【乱丁・落丁】service@yamakei.co.jp
【内容】info@yamakei.co.jp
●書店・取次様からのご注文先
山と溪谷社受注センター
TEL：048-458-3455
FAX：048-421-0513
●書店・取次様からのご注文以外のお問合せ先
eigyo@yamakei.co.jp

Printed in Japan
ISBN 978-4-635-15038-5

山下舞弓

福岡県生まれ、名古屋育ち。10代のころからモデルとして雑誌、CM、TVなどで活動する。2012年、八ヶ岳の赤岳に登ったことをきっかけに山の魅力に目覚める。2019年、長野県に移住。移住後、年間に約50山登るようになる。里山の魅力を伝えたいという思いから、2020年、YouTubeチャンネル「オトナ女子の山登り」をスタート。「自分が感動した風景をリアルに伝えたい」をコンセプトに、企画・撮影・編集を一人で行なう。料理好きで、2020年には「THE山ごはん王決定戦」で初代チャンピオンとなる。近年は登山・アウトドア関連の雑誌やWebメディアに多数出演、MCや動画講師なども務める。さらにアウトドアメーカーとウェアの共同開発も手がけるなど、活動の場を広げている。